ジャイアンツ
元スカウト部長の
ドラフト回想録

長谷川国利［著］

KANZEN

まえがき

プロ野球で約30年スカウトを務めてきた私も、かつてはスカウトされる側の選手の一人でした。

「お前は野球で飯が食えるから、つまらん奴と付き合うなよ」

私が東海大相模の1年生だった頃、バント練習でピッチャーをしていたときのことでした。その頃は東海大学の監督になっていた原貢さんがたまたま練習を見に来られていて、こんな声をかけてくれました。

言葉の真意は分かりませんでしたが、その年秋に行われた東北高との練習試合で先発して完封し、その後の神奈川県大会では背番号1をもらうことができました。自分でもなぜそんな結果を出せたのかは今でも分かりません。ただ原貢さんの言葉だけが耳に残っていました。

2年秋、3年春も神奈川県大会で優勝した相模には、腰を痛めて外野手として出ることが多くなっていた私の他にも力のあるピッチャーが揃っており、この夏の優勝候補筆頭でした。しかし、夏の神奈川大会3回戦で事件が起きてしまいました。先発したピッチャーが体調不良で立ち上がりに四球を連発（原因はその日の朝に古くなった牛乳を飲んでしまったことでした）。その試合には勝ったものの、不甲斐ない投球に怒った監督がそのピッチャーをビンタした様子がテレビ中継に映ってしまったのです。それを見た人が投書をしたようで大きな問題に発展。結局続く4回戦の出場辞退が学校から発表され、私の高校野球はこのような形で幕を閉じました。この夏の甲子園は、神奈川代表の横浜高がエース愛甲猛を擁して優勝するのですが、自分たちが出ていてもある程度勝ち進んでいた自信はありました。その悔しさは今でも残っています。

そんな高校野球生活でしたが、プロから調査書のようなものをもらっていました。当時は父親の事業が苦しかったこともあって、プロか社会人で早くお金を稼ぎたいと思っていたのですが、原貢さんから「今プロに行っても（契約金は）2000万だぞ。大学に来たら4000万もらえる選手に鍛えてやる」と言われ、東海大へ進むことを選びました。4年後、本当に契約金4000万で大洋（現・DeNA）に入団することになるとは、このときは思ってもみませんでしたが。

原貢さんは私が高校の時は東海大学の監督をやりながら、東海大相模の事務長もされていましたから、授業中に教室に入ってきて「お前とお前、（大学の）練習に行くぞ」と言ってよく連れて行かれることもありました。大学に入学する直前にまた高校の監督に復帰されたので、私とは高校、大学を通じて入れ違いなのですが、ほとんど監督みたいなものでした。私の恩師でもあり、畏敬の念も込めて陰では〝原のオヤジ〟と呼んでいました。

2年生になってから外野手として使ってもらえるようになると、その年の秋、翌年の秋と明治神宮大会を2連覇。1学年上にはドラフトの目玉・エース高野光さん（83年ヤクルト1位）がいましたし、他にもプロに進んだ先輩もたくさんいました。ですからプロは「頑張れば自分も行けるのかな」という身近な目標になっていました。

4年生になり春に肩を痛めて不安があった私は、社会人の日本石油（現ENEOS）から内定をもらった状態でドラフトの日を迎えていました。事前に話を聞いていた感じでは広島かなと思っていましたが、指名があったのは大洋でした。父親には「プロ野球に〝就職〟するんだから、どこでもいいから指名された球団に行け」と言われましたから、どこの球団を希望とかはありませんでした。それがスカウトになってからは「希望球団はうちにしてください」とお願いする側になるのですから、分からないものですね。

担当スカウトは後に一緒にスカウトの仕事をすることになる重松省三さんと中塚政幸さん。肩を痛めていたことについては「(社会人よりも)プロの方がトレーナーもいるし、しっかり治せるんじゃないか」と言ってもらいましたが、プロでは肩が強いと言われていた、良かった頃の状態には結局戻ることはありませんでした。そんなにガンガンとホームランを打つようなタイプではなかったですし、外野手としても屋鋪要さんのような足の速さがあるわけでもありませんから、肩の故障が長引いたことが後々に影響しました。

1990年、結果を残せぬまま迎えたプロ6年目の夏前くらいだったと思います。ボールを投げたらひじから「ぐしゃっ」という音がして腫れ上がり、検査をしたら遊離軟骨もあることが分かりました。「もう選手としては厳しい」。そこで引退を決意しました。

球団からはシーズン終了前に事務所に呼ばれてこう言われました。

「来年は選手としては契約しないけど、背広を着てスカウトの仕事をしないか?」

引退を決意していたとはいえ、次の仕事もまだ決まっていませんでしたし、元々野球を見るのが好きということもあり、これはありがたいお話でした。

当時は自分もまだ28歳。こんなに若いスカウトは他球団にもいなかったと思います。こうして30年にも及ぶ、長いスカウト生活が始まることになりました。

このときはまだ、自分が後に巨人のスカウト部長になる未来など、全く想像できていませんでしたが。

ジャイアンツ元スカウト部長のドラフト回想録　目次

第二章 読売ジャイアンツ時代〈前期〉（2003年－2009年）

第三章　読売ジャイアンツ時代〈中期〉（2010年―2015年）

第一章
横浜大洋ホエールズ・横浜ベイスターズ時代

1991年-2002年

1991年
▼
1993年

突然始まった逆指名制度

《1991年》先輩スカウト高松さんの教え

現役を引退したのが1990年ですから、この年がスカウト最初の年になります。初めての担当地区は北関東。以前にこの地区を担当されていた江尻亮さんと、この後長く一緒に仕事をさせていただく松岡功祐さんなどから、この地区の有力選手や監督のこと、後援会で力を持っている方のことなど、大学ノートがビッシリ埋まるくらいの情報を教えてもらいました。ちなみにそのときのノートは今も大事にとってあります。

携帯電話もインターネットもない時代でしたから「全国高等学校長会」という電話帳くらいの厚さのある冊子から担当する学校は全てコピーして持ち歩き、どこそこの高校にいい選手がいるという話を聞けば、それを頼りに電話をしていました。ビデオカメラも当時は大きかったですし、スピードガンやバッテリーもある。それに加えて自分の着替えなどの荷物もあるわけ

ですから、大きなカバンを二つ両肩に抱えて担当地区を歩き回る日々でした。

「こんな若造がスカウトで大丈夫か？」と厳しい目で見られていたアマチュアチームの指導者の方もいたと思います。強烈に覚えているのは甲府工の原初也監督です。ちょっと先の話になりますが、阪神に行った山村宏樹（1994年1位）が評判で進路調査でお邪魔することがありました。きちんと学校に電話をしてアポイントをとって訪問したものの、当日学校に原監督の姿がありません。グラウンドに向かい、ようやくお会いできたと思ったらこう言われました。

「山村の親はきちんとした会社員だ。横浜みたいなやり方をする球団に行かせる気はさらさらないよ」

当時、横浜が高木豊さんや屋鋪さんなど功労選手を自由契約にしたことで印象が悪いという意味です。私も「はい、そうですか」と手ぶらで帰るわけにはいきませんから「何とかお願いします」と頭を下げたのですが、「その辺に置いて帰ってくれ。山村も親も書くか分からないけど」と調査書も受け取っていただけませんでした。後から知ったことですが、その時点ではもう阪神に行かせようという話ができていたようです。原監督とはなんとも厳しい初対面となりましたが、その後は徐々に懇意にしていただき、山梨の情報をよく教えてもらうまでの関係になりました。

この年、大洋が1位で指名したのは東北福祉大の斎藤隆でした。目玉だった駒澤大の若田部健一（ダイエー1位）は確かにバランスが良くてコントロールも安定していました。ただ、バッター目線から見ると怖さがないという印象で、逆に大学からピッチャーになった斎藤はボールは荒れ気味ではあるもののフォームに躍動感があり、真っすぐの力は若田部より上。打者目線で見ても嫌なのは斎藤の方でした。

スカウト会議では「若田部と斎藤どっちが良いか？」ということになり、そこで斎藤を推す声の方が多く、この年の1位が決まりました。もちろん私も斎藤に手を挙げていました。中日と抽選になりましたが、外した場合は中日がその後に外れ1位で指名した日本大の落合英二を指名するか、2位指名して抽選を外した東海大甲府の萩原淳（オリックス2位）を1位に繰り上げていたかもしれません。この時のチームは高木豊さんがショートからセカンドにコンバートされたタイミングで、ショートが欲しいという思惑もありましたから。萩原はバッティングは少し金属打ちでかぶせるような打ち方でしたが飛ばす力はありましたし、足や肩などは高校生としては抜群でした。

この年に指名された高校生には後の『イチロー』となる、愛工大名電の鈴木一朗（オリックス4位）がいました。大洋の担当スカウトも芯でボールをとらえるのが上手いということは評価していました。私は春の選抜で見ていましたが、ピッチャーとしては体も細いし、打ってもファーストまで一生懸命走らないからスピードがあることまでは分かりませんでした。後年、イチローの担当スカウトだったオリックスの三輪田勝利さんも「あんなになるとは思っていなかった。思っていたら1位で指名している」とおっしゃっていましたね。

イチローと同じ高校生の野手では渋谷（大阪）の中村紀洋（近鉄4位）も練習試合で見ています。当時はプロ入り後のようにバットを大きく動かす打ち方ではなく、シンプルに小さく左足を上げてポンと踏み出す打ち方でホームランを打っていました。この選手は木製バットでも打てそうだなと思ったのを覚えています。

私の初めて担当した選手は、藤代紫水（茨城）の石本豊という外野手でした。ピッチャーもやっていて肩も強かったですが、一番評価していたのはセンターや右中間に大きい打球を飛ばしていたバッティングでした。練習にお邪魔させていただいた時に木のバットで打ってもらったら金属バットと変わらないような打球を飛ばしていましたし、「こいつは面白い！」と思いました。実際に1年目のキャンプでも打撃練習ではスタンドにポンポン放り込んで、コーチや首脳陣か

らも「よくこんな選手が5位で獲れたな」と言われたほどでした。ただ、高いレベルのピッチャーとの対戦経験が少なかったこともあって、プロのピッチャーが投げる変化球への対応に苦しんでいました。変化球を意識するうちに今度は得意だったストレートにも手が出なくなってしまい、プロでは伸び悩みました。打者はプロの変化球に対応できるかどうか。その点も重視して見なければいけないということを、石本から学ばせてもらいました。

初めて担当した選手でしたから入団後も当然気にしていましたし、辞める時には本人から連絡をもらいました。「野球界は厳しい世界だったけど、これを糧にしてまた違う世界でも頑張ってくれ」。そんなことを話しました。今は茨城に戻って中古車屋さんを経営して頑張っているようです。

ピッチャーでは東京学館浦安の石井一久（ヤクルト1位）もよく覚えています。担当スカウトだった重松さんに「こんなカーブを投げる高校生がいるんですか⁉」と聞くほどでしたから。ボールも強かったですね。ただ重松さんは高校生の左ピッチャーだったらこの何年か前に指名された創価の小野和義（1983年近鉄1位）の方が「もっと凄かった」と話していました。

この年、6位指名した高校生ピッチャーが、現在DeNAの監督をしている高田商（奈良）の三浦大輔でした。試合で一度だけ見たのですが、スピードはないけれどトップの位置からフィ

ニッシュまでが本当にぶれない。コントロールは高校生としては当時から抜群でした。ただ体の瞬発力がそこまでなかったですし、プロでどこまで通用するのかは疑問でした。それでもあそこまでのピッチャーになったのはやっぱりコントロールですね。後々思ったのは、プロ野球のストライクゾーンは高校野球と比べると明らかに狭くなりますし、それで苦労するピッチャーが多いということ。三浦はプロのストライクゾーンになっても対応できるだけの制球力があったということだと思います。三浦の担当スカウトは後にスカウト部長になられる高松延次さんで、同じフォームでバランス良くずっと投げられる点を評価していました。

その高松さんからは、私がスカウトになった当時によくこう言われました。

「まず自分がその選手を欲しいのか欲しくないのか、良いか悪いかをはっきり言うようにしろ」

スカウトを退いてみて思うのは、これがスカウトとして大事で、原点だということです。最近では、自分の担当地区から他球団に指名される選手が出ると「自分が見ていた時はこうでした」など、言い訳みたいなことを口にするスカウトが多いように感じます。自分は要らないと思ったのなら、「要らないと思いました」と言えばいい。責任をとるのが怖くなっているのかもしれません。しかし、それではスカウトとしては成長しないのです。

《1992年》選抜準V右腕より評価した佐野商の戸叶尚

スカウト2年目は北関東をメインで担当しつつ、首都大学リーグや神奈川の社会人の担当もしていました。この年から、スカウト部長になられていた高松さんの発案で「クロスチェック」、つまり自分の担当エリア外の選手でも、力のある選手ならば複数のスカウトで確認を行うようになりました。当時はまだ北海道や東北は今ほど有望選手も多くなく、担当はそこばかり回っていてもあまり効率的なスカウト活動ができていませんでしたし、そのエリアでは力があっても全国レベルではどうかなという選手もいました。自分の担当選手が全国レベルで見てどの程度の位置にいるかを知る上でも、このやり方は勉強になりました。この手法は後に巨人に移ってからも球団に提案しました。

この年は球団の方針が「ピッチャー最優先」だったこともあり、1位では私の担当だった日本石油（現・ENEOS）の右腕、小桧山雅仁が指名されました。ダントツの評価は三菱自動車京都の伊藤智仁（ヤクルト1位）でしたが、腕の振りは鋭いし、今で言うスイーパーのような大きなスライダーも凄く、確実に競合になることが分かっていたので、それなら単独狙いで小桧山にいった方が良いだろうという球団の判断だったと思います。小桧山はどちらかというと変則的なフォームのピッチャーで、何年も先発ローテーションの中心で投げるというタイプではなく、とにかく体が丈夫なので、どこかでは戦力になってくれるだろうという考えがありました。地元の横浜出身ということも大きかったのでしょう。プロでは怪我もありましたが、1年目は中継ぎで戦力になってくれました。

小桧山、伊藤と共にバルセロナ五輪に出場したピッチャーでは東芝の杉山賢人（西武1位）、NTT四国の西山一宇（巨人3位）、日本生命の杉浦正則などがいました。杉山はコントロールが良かったですが、テイクバックから腕が出てくるのが早くて、腕の振りも少しアーム式。〝これ〟というウイニングショットがないのも気になりましたし、当時の神奈川の社会人が激戦区で、おまけに金属バットということもあって、とにかくよく打たれていた印象が強いピッチャーでした。西山は杉山以上に完全なアーム式の腕の振りで、スピードガンの数字ほど威力を感じないというタイプだったと思います。小桧山も良い投げ方ではありませんでしたが、投げるスタミナがあって変化球もスライダーとチェンジアップが良く、その点で杉山、西山より上という評価をしていました。杉浦はコントロールも変化球も良くて、担当スカウトの宮本好宣さんは同じ同志社大の出身ということで当然調査はしていました。ダイエーが相当食い込んでいるという噂もありましたが、結局本人の意思でプロ入りすることはありませんでした。

この年もう1人担当したピッチャーが5位で指名した佐野商の戸叶尚でした。2年生秋の明治神宮大会で浜松商にコールド負けした試合では「立ち投げをしているのか?」と思うくらい高めのボールばかり。それでもスピードは速い。これは面白いかもしれないと思い、それ以来何度か見に行くようになりました。よく見ていると1回から9回までスピードが落ちないですし、春から夏にかけてぐっと成長しました。この年の高校生ピッチャーでは私の高校の後輩にもあたる東海大相模の吉田道(近鉄2位)が選抜で準優勝して評判になっていました。ただ、吉田はびっくりするくらいの汗かきで夏場に弱いところがあり、それに比べたら戸叶の方がスタミナもあって、暑い時季になって調子を上げてきたという点も評価できました。山梨学院大付の牧野塁(オリックス3位)もスピードガンの数字は速かったピッチャーでした。ただ、西山と同じで、その割に力を感じませんでしたから、私の中では戸叶を上に評価していました。

ドラフト会議当日、会議中に高松さんが指名会場から控室の私のところに来て、「戸叶ってどんなピッチャーだ?」と改めて聞かれたことをよく覚えています。吉田は既に近鉄に指名されていましたが、「変化球は吉田の方が鍛えられています。でも投げるスタミナは戸叶の方が上です。下の順位で獲るなら面白いと思います」と答えました。戸叶はプロ入り後は肩痛に苦しみましたが、ひじを少し下げたら痛みもなくなり、それが上手くはまりました。1997年には10勝、翌年には7勝を挙げて、38年ぶりのリーグ優勝と日本一に貢献してくれました。

この年はなんといっても星稜の松井秀喜（巨人1位）でしたね。当然甲子園で凄いホームランも見ていましたし、高校生でこんなバッターはいないと思いました。ですが、この年は「投手優先」という方針でしたから、指名を検討することはありませんでした。

《1993年》後のメジャーリーガー2人を巡る巨人との争い

1993年から逆指名制度がスタートしました。前年のドラフト会議が終わった段階ではまだ決まっていませんでしたが、シーズンが開幕してしばらくしてから突如決まったのです。部長の高松さんがスカウト全員を集めて「今年から大学生、社会人は2人まで逆指名ができることになった」という話をしていましたが、現場は大混乱です。この制度が導入された背景には巨人の意向が強くあったのだと思います。逆指名制度ができれば、有名な選手は喜んで巨人を選んでくれると期待していたのでしょう。ですが、実際はそうはなりませんでした。色んな選手に声をかけては断れたという話を耳にしていましたから。

この年からチーム名が『横浜ベイスターズ』に変わりました。大堀隆さんが新しく社長になられて「実力的に拮抗したら地元の選手を優先してくれ」という話をされ、「神奈川県は高校も大学も社会人も強いのに、プロのチームだけなぜ弱いんだ！」という耳の痛いことも言われました（笑）。そういうこともあってこの年は地元の横浜商出身でもある関東学院大の左腕、河原隆一と神奈川大の渡辺秀一の、地元の大学生ピッチャー2人の逆指名を狙う方針でした。河原は早くから横浜を希望してくれており、良い感触で交渉を進められていました。ですが、巨人が途中から横浜以上の条件を出してきて猛烈に巻き返してきたのです。大学関係者もみんな巨人寄りだったとも聞いていました。それでも河原は最後まで翻意せずに横浜を逆指名してくれました。

渡辺も、当初は神奈川大の監督の方から「ぜひ横浜に」という話があって、こちらとしても「ぜひ！」という願ってもいない流れになっていました。しかし、交渉を詰めていく段階で「あれ？」ということが起こりました。横浜の超高層ビル、ランドマークタワーに部屋をとって話をする予定になっていたある日。約束の時間になっても監督も本人も来なかったのです。どうしたのかなと思って理由を聞くと「高所恐怖症で行けませんでした」というのです。そんな馬鹿な話がありますか（笑）。もうこの段階でダイエーと話がついていたのでしょうね。

この年のダイエーの逆指名は1位が渡辺で、2位が目玉だった青山学院大のスラッガー、小久保裕紀（現・ソフトバンク監督）でした。小久保は大学のリーグ戦では確かに素晴らしいバッティングをしていました。それが、当時金属バットを使っていた日本代表の国際大会から帰ってくると全然打てなくなるのです。一時期はランナーもいないのにバスターで打っていたこともありました。部長の高松さんがそれを見て「こんなバッターが騒がれとるんか？」と首を捻っていた姿を思い出します。

渡辺をダイエーにとられ、逆指名の枠が一つ空いた横浜はターゲットを変更して、日本ハムにほぼ決まっていた熊谷組の内野手、波留敏夫を獲りにいきました。波留は怪我が多かったものの、「ガッツがある選手だ」と担当の松岡さんが非常に高く評価していました。松岡さんは非常に気さくな方で、波留が怪我をしてバックネット裏でビデオ係の仕事をしている時でもよく話しかけたりするなど良い関係性が築けていました。日本ハムから逆転で獲得できたのは、後から聞いた話では、横浜が最高条件の契約金を提示したのに対して、日本ハムは同じ逆指名でも最高条件ではなかったそうです。波留はプロでも2年目からレギュラーになって、よく活躍してくれました。

西武を逆指名した三菱重工横浜の石井貴も地元・神奈川出身のピッチャーでした。ただ、石井もスピードガンの数字の割には結構打たれていて、社会人の関係者から「初速は150キロ。ベースの上では125キロ」みたいなことを冗談で言われていたくらいでしたから、私はあまり評価していませんでした。プロであそこまで活躍できるとは思わなかったですね。朝日生命の藪恵一（阪神逆指名1位）も、東海大の同級生がチームのマネージャーだったこともあってよく見ていました。ただ3回くらいまではしっかり抑えても、二回り目くらいになると変化球が甘く入ってよくビッグイニングを作られていた印象があります。それくらい金属バット時代の社会人は抑えることが難しかったのだと思います。

この年は逆指名以外でも駆け引きがありました。それが巨人が3位で指名した東山の岡島秀樹と横浜が3位で指名した京都成章の大家友和の高校生2人でした。この頃の巨人のスカウト部長は伊藤菊雄さんで、近畿大の出身で関西方面では特に強い方でした。横浜の高松さんの方が年齢は下なのですが、スカウトになったのは高松さんの方が早く、伊藤さんもスカウトになりたての頃はよく高松さんに色んなことを教わっていたと聞きました。

この京都の高校生ピッチャー2人のことは横浜も当然狙っていました。それがあるとき、東山サイドから「指名を見送ってほしい」という手紙が届いたのです。高松さんは巨人サイド、伊藤さんが書かせたのではないかと思っていたようでしたが、これに怒ったのが担当スカウトの宮本さんでした。東山の監督は同志社大の先輩にあたる方でしたが、普段はおとなしい宮本さんが球団事務所の電話でもの凄い剣幕で話をされていた姿をよく覚えています。

その後、巨人は岡島だけでなく大家も狙っていることが分かりました。このまま巨人に2人とも黙って獲らせるわけにはいきません。ドラフト当日、会場控室で伊藤さんを見つけた高松さんは詰め寄ると「菊さん！　2人ともはあかんぞ。どっちがええんや！」と迫り、それで伊藤さんは左だからということで岡島を選び、横浜は大家を指名することになったのです。逆指名の対象ではなかった高校生でもこのようなことはよくありました。

岡島と大家を比べるとボールの力があったのは岡島でした。ただ3年生になってフォームが崩れてコントロールに不安がありました。対して大家はコントロールが良く、2年前に指名していた三浦大輔と重なって見える部分がありました。2人とも最終的にはメジャーで活躍するまでになりましたから、そういう意味でもこの2人を巡る駆け引きは印象に残っています。

1994年
▼
1996年

激しさを増した逆指名争奪戦

《1994年》逆指名の裏であった高校生を巡る駆け引き

私のスカウト4年目となるこの年は、地元・横浜高の右のスラッガー、紀田彰一を1位指名しました。前年に大堀社長が「地元重視」を打ち出していたこともありますし、当時の中軸がローズ、ブラッグスという外国人頼みということもあって、日本人でクリーンアップを任せられる選手が欲しいというチーム事情もありました。ただサードの守備範囲が極端に狭かったですし、スローイングも上半身の力任せで足も速くないことから個人的にはあまり高く評価はしていませんでした。ですので、中日も1位で指名してきたのは正直意外でした。プロでは持ち味の打撃もなかなか通用しなくて、守備も外野を守るような足もなかったのでやはり厳しかったですね。

紀田よりも評価していたのは、むしろ紀田の前の3番を打っていた斉藤宜之（巨人4位）でした。「1位ではなくても獲れるし、いいんじゃないですか？」と私は推していました。結局、斉藤は巨人に指名されてしまったのですが、4位で同じ横浜高の多村仁を指名しました。怪我も多かったですし、ピッチャーみたいに左足を高く上げて打ったりもしていて、「ふざけて打っているのかな？」と思ったこともあった選手です。横浜高の小倉清一郎部長に聞くと「あんなやつダメだよ！」と言っていたことをよく覚えています（笑）。1位で紀田を指名していましたから、まさか同じ高校の同じ右のスラッガーを4位で指名することになるとは思っていませんでした。指名順位もそうですが、紀田よりも、斉藤よりも評価が低かった多村がプロでは1000本以上のヒットと200本近いホームランを打つなど一番活躍するのですから、高校時代の評価は分からないものです。

当時の横浜高にはこの3人の他にも、エースに矢野英司がいて、1学年下にも横山道哉という右の本格派ピッチャーがいました。2人とも後に横浜に入っていますが、力のある選手がいるという意味では横浜高は全国でもトップクラスでしたね。

2位は逆指名で神戸製鋼の右腕、米正秀を指名しました。米は西京高時代の1990年に5位指名して断られていましたから、一度拒否した球団を逆指名するという珍しいケースになりました。2位で即戦力ピッチャーを確保できたことが、1位は高校生の野手でいこうということに繋がった部分はあったと思います。

この年に指名した選手では、3位で指名した都城の福盛和男が印象深い選手です。九州担当が後輩の武田康（現・巨人スカウト）で、まだスカウトになって間もない時期でした。福盛が評判になっていたので春に一緒に見に行ったのですが、スピードは130キロ出ないくらいで、「これは厳しいな」ということで一度はリストから消していました。部長の高松さんは「何度も何度も見るんじゃなくて、最初の印象で選手としての器の大きさを見極めて大事にしろ」とよく言われていましたから、そういう意味では福盛はその対象として引っかからなかったのです。ところが夏前に武田が別の選手を見に行った試合の相手が福盛で、その時は「抜群に良かった」と言うのです。それで私に「一度消してしまったんですけど、どうしましょう？」と言うので、「まだスカウトになりたてなのだから、高松さんに頭を下げてもう一度リストに入れてもらおう」ということになりました。

福盛はオリックスも高く評価しており上位指名する噂がありました。そこで高松さんや上の方が動きました。オリックスがもう1人、上位指名しようとしていたピッチャーが佛教大の丸尾英司でした。横浜はそんなに狙ってはいなかったのですが、あたかも上位で狙っているかのように色々な動きをしたのです。我々の動きを察知したオリックスは「丸尾が横浜に獲られて

しまう！」と思ったのか、確実に丸尾を指名しようと逆指名の2位で指名することになりました。こういった駆け引きがあり、3位のウェーバー順が先の横浜が3位で福盛を指名することができたのです。もしも紀田を1位で外していたら福盛を繰り上げて1位にしようという話も出たくらい評価が上がっていましたから、3位で獲れてしてやったりでしたね。福盛は期待通り長く頑張ってくれましたし、武田にとっても印象深い選手になったのではないでしょうか。

5位の東京学館のキャッチャー、相川亮二も多村と同じくあそこまでの選手になってくれるとは思っていませんでした。元々センターを守っていて、高校の途中からキャッチャーになった選手で、肩と体が強かったことが大きかったですね。

この年の高校生では、別大付属（現・明豊）の城島健司（ダイエー1位）がキャッチャーとして抜群の評価でした。ですが、監督の糸永俊一郎さんが駒澤大の出身ということもあって、早々に駒澤大進学が決まっていましたから、どの球団も諦めていたと思います。それが途中から「どうも様子がおかしいぞ」という話になり、ドラフト前には「ダイエーで決まりだ」ともっぱらの噂になっていました。横浜にとっての福盛がそうだったように、逆指名がない高校生を何とかして指名にこぎつけようという動きはどの球団もしていた時代でした。

私が担当していた北関東には國學院栃木に小関竜也（西武2位）がいて、ピッチャーとしてはちょっと腕をぶん回して投げるフォームで、個人的には野手の方が面白いなと思って見ていました。運動靴で走り幅跳びを6メートル70センチくらい跳ぶということも聞いていて、運動能力が抜群。結局、慶応大を受験して不合格になったところを西武が2位で指名しました。そこまで高くは評価できなかったですが良い選手でした。

大学生で評判だったのは、地元・神奈川出身の駒澤大のエース河原純一（巨人逆指名1位）でした。ただ、2年前の若田部と同じで、打者から見て怖さがないというのが私の印象でしたし、若田部もこの時点ではプロで苦しんでいたこともあって、横浜では狙おうという話は出ませんでした。

最終的にこの年のピッチャーで一番活躍したのが立正大の西口文也（西武3位）でした。スライダーが良くて投げっぷりも良かったのですが、とにかく体が細かったことが逆指名まで評価が上がらなかった理由だと思います。河原もそうですが、どうしても細い選手は「プロで大丈夫かな？」という心配が残ります。ただ西口には投げる力がありましたね。そこを見抜くことができませんでした。

大学生の野手では法政大の稲葉篤紀（ヤクルト3位）も後に大活躍する選手になっています。

横浜はちょうど法政大ＯＢの高浦美佐緒さんが担当スカウトをされていて「ファーストを守っていることが多いけど肩が強いから外野もできる」という話をしていました。ただヤクルトが3位で指名したのには驚きました。いいバッティングはしていましたが、横浜としてはそこまで高くは評価していませんでした。

《1995年》はっきり断られたPLの福留

この年はＰＬ学園の福留孝介（近鉄1位／入団拒否して日本生命に入社）が話題になった年でした。7球団が1位指名するような選手ですから横浜も動かないわけにはいきません。先輩スカウトの中塚さんがＰＬ学園の出身でしたから、当時同校で中学生のスカウトを担当されていた井元俊秀先生のところによく行っていました。中塚さんも相当井元先生と近しい関係だったと思いますが、もっと近かったのが中日のスカウト、中田宗男さんだったのではないでしょうか。最終的には井元先生の奥様があまり何度も中塚さんが来られるのが気の毒に思われたようで「お父さん、はっきりお話ししないと悪いですよ」と言われて、横浜が指名しても入団はしない方針だということを伝えられたそうです。最初から福留の意中は中日と巨人で、横浜が指名しても厳しいのではないかという話はありましたから、はっきり断られたことで早くに方

針転換できたことは横浜にとっては良かったのかもしれません。

この年は逆指名の枠を二つ使って同志社大の細見和史と日本通運の関口伊織という大学・社会人のピッチャーを2人指名しました。順位は細見が1位で関口が2位でしたが、最初に獲得に動いていたのは関口だったように記憶しています。左ピッチャーでスライダー、チェンジアップの変化球が良くてコントロールも安定しており、即戦力という評価でした。実際1年目から一軍でよく投げてくれました。しかし、そこまで凄い成績を残すことはできませんでした。原因はアマチュア時代に空振りを奪っていたボール球のチェンジアップをプロのバッターはなかなか振ってくれなかったこと。それでプロでは苦労しました。

細見については関口ほど即戦力という評価ではありませんでした。担当スカウトが同志社大出身の宮本さんで、熱心に推していたので部長の高松さんも「それなら獲ろう」という感じだったと思います。

他球団が逆指名で獲得した選手ではＮＫＫの船木聖士（阪神1位）、新日鉄広畑の藪田安彦（ロッテ2位）、東北福祉大の門倉健（中日2位）がいました。スライダーがしっかり使えるピッチャーというのはプロでも通用することが多いので、船木はそういった部分が評価されたので

しょう。薮田は一時期はイップスなんじゃないか？　と思うことがあってそれが怖かったですね。今は社会人で臨時コーチで教えていて、実際に見たことがあるのですが、すごく客観的に物事を見て指導しているように見えました。そういう部分があったからこそプロで長く活躍できたのではないでしょうか。門倉は中日が早くに動いていました。横浜が関口を2位で確保したように、中日も2位でまず門倉を逆指名で押さえておいて、1位で福留を狙おうという戦略だったのではないでしょうか。

慶応大には地元・桐蔭学園出身の高木大成（西武逆指名1位）がいました。高木は私がスカウト1年目の時に桐蔭学園の3年で甲子園でも活躍しており、当然指名リストに入っていた選手でした。当時はバッティングに光るものがありながらもキャッチャーとしては肩、スローイングが少し厳しいという印象がありました。残念ながらその印象は大学に進んでからも変わらず、この年の逆指名候補としては考えていませんでした。高木を初めて見たのは堀越との練習試合で、その試合は別の意味でよく覚えています。3番が高木、4番が2年生の副島孔太（元ヤクルトなど）、5番が1年生の高橋由伸（元巨人）でしたから。その話はまた後に詳しく触れたいと思います。

高木と同じキャッチャーでは東海大相模の後輩である原俊介（巨人1位／現・東海大相模監

督）が福留の外れ1位で巨人に入団しています。後輩ですから当然早くから知っていましたし、肩も強かったのですが、元々ピッチャーだったということもあって、そこまで高くは評価していませんでした。

横浜は前年に相川、この年に4位で砂川北の杉山俊介、5位で神港学園の鶴岡一成と高校生のキャッチャーを多く指名しています。実はこれにはチーム事情が関係しています。キャッチャーの絶対数が少なかったことに加えて、ブルペンキャッチャーにベテランが多くて、高校から入ったピッチャーが遠慮してしまうことが多くあったのです。ですから若いピッチャーの練習相手として高校生のキャッチャーを多く指名しようということもあって、2年間で3人獲ったのです。この中から相川、鶴岡がその後FA権を行使するまでの活躍をするのもドラフトの面白いところです。

《1996年》恩師に激怒されながら逆転で獲得した森中

この年も逆指名で獲得したのは社会人と大学生のピッチャーでした。逆指名1位で指名した日本石油（現・ENEOS）の川村丈夫は地元・神奈川の厚木高出身で立教大の時も候補として名前は挙がっていました。ただ、当時はインステップがひどくてボールにそれほど力もありませんでした。でもとにかくよく投げていましたね。リーグ戦で勝ちも負けも20以上（通算21勝27敗）というのは凄いことだと思います。実は横浜はこの年、最初は同じ日本石油のピッチャーでも小野仁（巨人逆指名2位）を狙おうという話になっていました。小野は秋田経法大付属（現・ノースアジア大明桜）時代から評価が高かった大型左腕ですが、アトランタ五輪出場を目指して社会人に進んでいました。それで春先に鹿児島県指宿での日本石油のキャンプに行ったのですが、親しいチーム関係者から「小野よりも川村の方がいいよ」という話を聞いて、実際にブルペンで見ると川村が大学時代とは別人のような素晴らしいボールを投げていたのです。それで地元の選手だし川村にいこうという流れになったわけです。

しかし、川村はすんなり逆指名というわけにはいきませんでした。この年は青山学院大の井口忠仁（現・資仁／ダイエー逆指名1位）が目玉で、断られた中日が後から強烈な条件で川村をひっくり返しにきたのです。詳しい条件はもちろん分かりませんが、横浜よりもかなり条件は良かったようです。ただ、早くから横浜が動いていたことと、地元の神奈川出身ということもあって、川村は横浜を逆指名してくれました。川村は1年目から期待通り二桁勝ってくれましたし（10勝7敗）、1998年の優勝、日本一にも大きく貢献してくれました。

逆指名2位で獲得した東海大の左腕、森中聖雄は私の後輩であり、担当でもありました。3

年生の時に出場した国際大会（ユニバーシアード）でブレイクしたピッチャーで、4年生の時にはアトランタオリンピックにも出場。左ピッチャーでそれだけの実績があれば当然評価も高くなります。森中も中日と獲得を争いました。中日のスカウトは東海大OBであり私の先輩にもあたる石井昭男さん。早くから原のオヤジのところに行って話をしていて、オヤジも「じゃあ中日に預けよう」という話になっていたようです。

一方の私は、中日が外堀から埋めてくるのならばと、森中本人から切り崩していきました。よく本人とも話をしましたし、森中が当時付き合っていた彼女（現在の奥様）を交えて食事をしたこともありました。それくらいの関係性でしたので「お前自身は、本当はどこに行きたいんだ？」と聞くと、森中は「横浜に行きたいです」と本音を話してくれました。しかし、原のオヤジが「中日だ」と言っている以上、恐れ多くて「横浜に行きたい」と言えないというのです。

「じゃあ俺に任せておけ」と森中には話し、私も腹をくくり、意を決してオヤジに電話を入れました。

「森中は横浜に来たがっています。ウチで面倒を見させてください」

そうしたら電話口で大激怒です（笑）。すぐにお詫びに伺いましたが「何しに来たんだ！この泥棒ネコが！」とまで言われましたからね（笑）。その後、球場で石井さんに会った時にも「お前、ちょっといいか？」と呼び出されて怒られもしました。中日としては早くからオヤジと話をして筋を通していましたし、星野仙一監督もオヤジと親しいわけです。石井さんの面目を潰した形になってしまい、申し訳ないことをしたと思っています。最終的にはオヤジも中日も、森中の意思を尊重してくれましたが、あの時は本当に大変でした。ただ私は横浜を強くしたい、良い選手をどうにかして獲得したい。その一心で行動していました。

そこまでして獲得した森中でしたが、ボールになる変化球がプロではなかなか通用しませんでした。前年に指名した関口と同じですね。リリーフで頑張ってくれましたが、もっと成績を残せるピッチャーになってくれると思っていました。今は巨人のスカウトとして頑張っています。

逆指名を使わず高校生に路線変更をした中日が2位で指名したのが東海大相模の後輩、森野将彦です。当然よく知っている選手でしたし、バットコントロールは高校時代から素晴らしいものがありました。ただ守備の動きを見ていると、私はプロでショートは厳しいという判断をしていました。最終的にサードに回って上手くいきましたね。川村、森中を獲れなかった中日が指名した森野が、その後の黄金時代を支えるバッターになるのですから、ドラフトとは本当に分からないものです。

その森野より個人的に高く評価していたバッターが3位で指名した所沢商の大野貴洋でした。打球の勢い、強烈さは大野の方が強く印象に残っていますし、長打を打てるようなバッターになれるという評価でした。4位でも同じ左打ちの内野手・浦和学院の石井義人を指名していますが、飛ばす力は大野の方があったと思います。結果的に2人とも横浜では結果を残すことができませんでした。大野は打つ以外の部分、守備と走塁の部分で苦労しました。一方、石井は移籍先の西武で一時はレギュラーを獲りました。所沢商も決して弱いチームではありませんでしたが、より厳しい浦和学院で揉まれた石井の方がプロで生き残る力があったのかもしれないですね。

新日鉄君津の松中信彦（ダイエー逆指名2位）、NTT関東（現・NTT東日本）の小笠原道大（日本ハム3位）、神戸製鋼の和田一浩（西武4位）と社会人の野手3人が後に大活躍しましたが、全員あそこまでのバッターになるとは思わなかった選手たちです。松中は左肩を痛めて一時は右で投げていましたし、ファーストの選手となるとどうしてもセ・リーグは評価しづらいものです。小笠原は暁星国際時代に、ヤクルトに行った北川哲也（日産自動車→1994年逆指名1位）とバッテリーを組んでいた当時は全くの無名選手。社会人に入ってから県営大宮で凄いホームランを見て「あの時のキャッチャーがここまで打つようになったのか⁉」と驚きました。ただキャッチャーとしては厳しかったですし、他を守るとしてもファーストでしたからやはり横浜では高く評価はしていませんでした。和田も東北福祉大時代から見ていましたが、少し独特の打ち方でしたし、あんな長打力のある選手になるとは思いませんでした。当時の社会人野球は金属バットということもあって、プロで木製になって打てるか？というのを見極めるのも難しい部分がありました。

ピッチャーでは専修大の黒田博樹（広島逆指名2位）が大投手になりました。とてもあそこまで芯の強いピッチャーだとは予測できなかったですから、これにも驚かされました。広島なら同じ1位の青山学院大の澤﨑俊和の方が完成度が高くてスライダーも良かったので評価はしていました。黒田は広島スカウトの苑田聡彦さんがかなり早くから目をつけていましたから、こういうところが凄いなと思いましたね。苑田さんは原のオヤジが最初に送り出したプロ野球選手でもありましたから、そういう縁もあって私がスカウトになってからもよく目をかけていただきました。

1997年
▼
1999年

日本一達成も逃した大物たち

《1997年》「横浜は遠い」と断られた高橋由伸

1991年にスカウトになって以来、選手と同じ1年契約の契約社員だったのですが、前年の1996年に正社員にしていただき、この年からはチーフスカウトという役職になりました。そんな責任ある立場で迎えた最初の年のドラフトで狙っていたのは慶応大の高橋由伸（巨人逆指名1位）でした。この年の戦略は最初から「高橋由伸を何としてでも逆指名で獲る」ことでした。

前にも書きましたが、最初にプレーを見たのは桐蔭学園の1年生の春。高木大成を見に行ったら5番を打っていた由伸が凄いホームランを打ったのです。桐蔭学園のライトの後ろにある室内練習場を越えていきました。

「こんな1年生がいるのか⁉」

そんな衝撃を受けた一打でした。その後も軽く打ったような当たりが横浜スタジアムのライト上段まで飛んだ一撃も見ましたし、高校の時点でも1位と評価していました。関西担当のスカウトからは「高校生で1位だったら松井秀喜クラスだぞ。そんなにいいのか？」と言われましたが、「パワーは松井ほどではないですが、打ち方は由伸の方がいいです」と私は言い切りました。

大学でもホームラン記録を作るくらいまで活躍していましたし、神奈川の高校出身ということもあって、横浜も相当早くから動いていました。おそらく12球団で一番早かったと思います。挨拶に行っても、由伸はいつもニコニコ愛想良く対応してくれていたので感触は悪くはありませんでした。ロッテのスカウトだった大先輩の木樽正明さんからも、「横浜がもう返事をもらっているんじゃないの？　もらったら早く教えてくれよ。うちも高橋の地元の千葉だから行っているけど、出遅れたら他の選手獲れなくなっちゃうから」と言われるほどでした。

熱心だったのはロッテ以外にはヤクルト、西武、巨人。しかし、そのうち「横浜は厳しいな……」とだんだん雲行きが悪くなっていることを感じていました。正式に断られたのは9月のはじめ。秋のリーグ戦が始まる前に慶応大の後藤寿彦監督から朝一番で電話をいただき、9時に寮に行った時でした。後藤監督からこう言われました。

「申し訳ない。本人が『横浜は遠い』と言っている」

私は思わず言ってしまいました

「いやいや、すぐそこじゃないですか（笑）」

理由はどうあれ、本人に断られてしまってはゲームオーバーです。その時に感じたのは「由伸はヤクルトに行くのだろうな」ということでした。ですが、最終的に本人が出した結論は皆さんご存知の通り『巨人逆指名』でした。由伸の実家のことなどで色んな噂も飛びかっていましたから、巨人はその辺りからヤクルト優位をひっくり返したのではないかと思います。私もこの時は横浜のスカウトでしたから実際のところは分かりません。

大学生のピッチャーでは明治大の川上憲伸（中日逆指名1位）の評価がナンバーワンでした。明治大であれだけのピッチャーだったら星野監督が当然黙っていないですよね（笑）。横浜も明治大とは関係も深く当然評価はしていましたが、逆指名を狙いに動こうという話はなかったです。それくらいやはり、星野さんの明治大に対する影響力は強かったと思いますね。

結局逆指名は使わないということになり、1位は平安（現・龍谷大平安）の左腕、川口知哉（オリックス1位）を指名しました。関西は私の担当ではありませんから夏の甲子園での印象になりますが、あの時は確かに良かったですね。高校生の左ピッチャーの割にコントロールも悪くないですし、プロでも早くから出てくることができるのではないかと期待していました。ただ関西担当のスカウトは「甲子園以外はそこまで良くなかった」と言っていました。私はどうしても北関東が担当ですから、見る機会の少ない関西の選手はその時が良いとどうしてもその印象が残りますし、逆のことも当然あります。多く見れば良いわけでもないですし、そのあたりは難しいところですね。

この時のドラフトは1位と2位を一緒に指名するというやり方で、2位は評価の高かった仙台育英のキャッチャー、新沼慎二を指名しました。新沼は肩がとにかく素晴らしかった。阪神は同じ高校生キャッチャーでも智弁和歌山の中谷仁（現・同校監督）を1位で指名していますが、横浜では明らかに新沼の方が上という評価をしていました。結局、1位も2位も抽選となり、2位の新沼は当たったものの、1位の川口は外してしまい、町野高（石川）のピッチャー、谷口邦幸を外れ1位で指名しています。横浜は指名した順番からも分かるように、外れ1位の谷口より2位の新沼を高く評価しており、契約金も新沼の方が高くなるのは当然のことでした。谷口は「3位で指名して伸びれば面白いかな」という本来は3位の評価でしたから。それでも「結果として1位なのだから2位よりも契約金が低いのはおかしいんじゃないか?」と谷口側からは言われました。その気持ちも分かります。それで石川の輪島の先まで何度も足を運ぶことになりました。今考えても1位と2位を同時に指名させるというのはおかしなやり方でしたね。

担当していた北関東の高校生ピッチャーで騒がれていたのが水戸商の大型左腕、井川慶（阪神2位）でした。茨城の水城高で監督をしていた私の高校の同級生から「大洗南中学にいい左ピッチャーがいる」と教えてもらったのが最初です。中学時代はまだスピードはありませんでしたが将来的には面白いだろうというのは分かりました。そのときは「水城高から東海大に進んで化けてくれたら獲りやすいな」という思いもありました。しかし、水城高も熱心に誘ったようですが井川が進んだのは水戸商でした。

あれだけ大きい左ピッチャーですから、当然水戸商に進学後も評判になっていました。3年生の春だったと思いますが、スカウト界隈にこんな噂が広まっていました。

「体育の授業で走り高跳びをしてマットのないところに落ちて腰を痛めた。井川はもう野球ができないかもしれない」

私はこの噂はあまり信じていませんでした。水戸商の橋本實監督と阪神チーフスカウトの末永正昭さんが中央大の同級生で、「他球団に手を引かせるために流しているのでは？」と思っていましたから。井川を諦めるつもりはありませんでした。

ですが、春の関東大会の時に阪神スカウトの菊池敏行さんが「すでに話ができている」と教えてくれました。こうなると白旗です。しかし、好き勝手にさせるわけにはいきませんから「獲るなら2位までにしてくださいよ。3位まで残っていたらうちが指名しますからね」と牽制だけはしておきました。最終的に2位で阪神が指名しました。

関東の高校生ピッチャーでは敬愛学園の五十嵐亮太（ヤクルト2位）も評判でした。ただ、右肩が下がる〝かつぎ投げ〟でしたし、身体の開きが早くてボールも見やすいということで横浜としては高くは評価していませんでした。ヤクルトはベテランスカウトの片岡宏雄さんが千葉の方をよく回っていて、高く評価していたと思います。

この年の高校生のピッチャーで最も強烈だったのは2年春の選抜で投げた時の智弁和歌山の髙塚信幸（近鉄7位）でした。真っすぐの質感、角度も良かったですし、アウトコースにビシッとボールがくる。あの年に3年生だったとしたら1位で競合していたと思います。それくらいのボールを投げていました。その後怪我をしてしまって結局元には戻らなかったのが残念でなりません。

《1998年》相思相愛だった横浜高・松坂大輔

1998年はリーグ優勝、日本一を達成した年でした。野手が成長してきたところにピッチャーも力をつけてきて、これまでのドラフトの成果が出た年だったと思います。

スカウトになってからも、春のキャンプはスタッフの人数が少ないからと若手選手と一緒に早出特打ちの練習に付き合ったり、シートバッティングで守備についたりもしていました。そんな中で一緒にやっていた若い選手たちが育っていって、優勝、日本一を決めた時は本当に嬉しかったですね。リーグ優勝を決めた甲子園での阪神戦には、部長の高松さんがスカウト全員を球場まで呼んでくれました。優勝が決まった後は球場近くのお蕎麦屋さんでスカウト全員で祝勝会もして、あの時は本当に感動しました。

この年は何といっても横浜高の松坂大輔（西武1位）です。2年の春も夏も良かったですし、秋の関東大会で優勝した時には「これはもう来年は1位だな」と確信しました。もうこの時点で十分凄いピッチャーでした。ストレートも140キロ台後半が出ていて当時の高校生としては相当速かったですし、それより良かったのが変化球ですね。カーブでも130キロ弱のスピードがあって、スライダーはもっとスピードがある。なかなかあれだけの変化球を投げる高校生はいない。あとはマウンド上で相手に向かっていく姿勢というか、強さのようなものが他のピッチャーとは違いました。春の選抜もそのまま優勝して、球団の中でも「やっぱり松坂が一番だ」という評価になりました。

横浜としては地元のスターですから、横浜高の渡辺元智監督と小倉部長にも「何とか横浜だけに行きたいというように言ってくれませんか」とお願いしました。余談ですが、同じ横浜高の小池正晃は当初は某大学に決まっていたのですが、途中からプロ志望に変更していました。そんな経緯から「松坂の抽選が当たったらベイスターズが小池を指名してくれないか」と頼まれました。ただそんな約束だったら、松坂を外したら小池の行くところがなくなってしまいます。「だったら松坂が獲れた場合も獲れなかった場合も小池はうちが指名します」という話を部長の高松さんがして、実際6位で指名しました。小池も一度はトレードで中日に行って、その後にFAで戻ってきてよく頑張ってくれました。

色んな動きの甲斐もあって「松坂の意中の球団はベイスターズ」と報道されるようになり、他球団に抽選が当たった場合は地元の日本石油に行くという話もついていました。ルールの中でやれることは全部やりました。しかし、ドラフトでは3球団が競合し、結果は皆さんご存知の通りです。正直、「拒否してくれないかな」と期待するところはありました。しかし、その後に渡辺監督と何度も話しているうちにだんだんと「これは厳しそうだな……」という感触は伝わってきました。西武は最終的にオーナーの堤義明さんも動いたという話でしたからね。松坂の時に限らず、西武は球団だけでなく親会社も含めて動きますから、そこは本当に組織として凄いところですよね。

松坂を外したことで、外れの1位は高校生野手、豊田大谷の古木克明を指名しました。甲子園でも左方向にホームランを打ちましたし、パワーは一級品でした。ただ古木はダイエーがかなり早くからマークしていて、本人もダイエー志望が強かったのは確かでした。会いに行った時にダイエーのグランドコートを着ていたほどでしたから（笑）。事前にそういうことは分かっていたのですが、1位の評価だったら何とかできると思っての指名でした。いざ交渉をしてみると思ったほど難航することもなく、すんなりと入団してくれました。バッティングはある程度期待通りのものを見せてくれましたが、守備が思った以上に厳しかったですね。サードを守っていて、挟殺プレーの練習をすると送球がグラブに当たらずにスルーしてしまうということが何度かありました。上手くボールに焦点が合わないみたいなところがありましたね。パンチ力は凄かっただけにもったいなかったです。

法政大の右腕、矢野英司は逆指名2位で獲得しましたが、実は一度は断られてダイエーに決まっていた選手でした。ところが途中でダイエーの方針が変わったこともあって、横浜が改めて指名することになったのです。「一度断られた選手を逆指名で獲るのはおかしいんじゃないか？」という声はスカウトの間からも挙がりましたし、私もそう思いました。何か別の事情があったのかもしれません。矢野自身も下級生の時には150キロも出していて、当時としては相当速かったのですが、数字ほどボールの勢いは感じられず、私はそこまで高く評価していませんでした。

大学生のピッチャーでは大阪体育大の上原浩治（巨人逆指名1位）がダントツの評価でした。下級生の頃に大学選手権で活躍して、割と早い段階で私も話に行きました。後に私が巨人に移った後にその時の話をしても上原は全く覚えていませんでしたが（笑）。とにかくストレートの質が抜群で、スピンが多いというのか、ピンポン玉を指で弾いたようなボールが来ていました。変化球も器用に投げるしコントロールもいい。ただ横浜としては松坂が最優先でしたから上原にはそこまで熱心にいけませんでした。ですが、巨人は上原を1位、近畿大の二岡智宏を2位で逆指名を決めておいて「3位で松坂も指名できないか？」ということを考えていた時期もあったようです。渡辺監督にそういった打診があったと聞きました。「松坂を3位なんて失礼な話だ！」と怒り、耳を貸さなかったそうですが。

この年に指名した選手で活躍してくれたのが、住友金属から5位で入った金城龍彦です。近大付の時からピッチャーとしてボールが速くて評判でしたが、体も小さいですし、将来を考えるとプロでは厳しいという評価でした。社会人に進んでからもピッチャーでしたが、担当の宮本さんはずっと「野手として面白い」と考えていて、本人も「野手で勝負したい」という思いもあり、極秘でテストを受けさせることになったのです。右打ちの金城に「左でバントができるか？」とやらせたらしっかりできる。スイッチヒッターができそうかと聞くと「やります！」と言う。足も速いし、スローイングをさせてもピッチャーですから肩も強い。他球団にもテストに行こうとしていたところを、「指名するから行くな」と止めて、その場で獲得が決まり横浜が指名しました。

他球団の下位指名では、現在は広島の監督を務める駒澤大の新井貴浩(広島6位)がいました。体も大きくてパワーもあったので、横浜のリストにも一応入っていました。ですが、守れないしスローイングも悪いので早々に候補からは消していました。広島スカウトの苑田さんに後から聞いた話では、とにかく練習熱心で多くの練習をこなせる体の強さがあったことを評価したそうです。それがあそこまでの選手になれた要因だったようです。そこまで見ていた苑田さんも凄いですよね。

前年は高橋由伸、この年は松坂大輔を狙いにいって結局どちらも獲得できませんでした。もしこの2人が獲れていたら、この後の横浜はもっと強くなっていたかもしれません。それくらいインパクトのある2人でした。

《1999年》世代交代を見据えた高校生の大量指名

38年ぶりの日本一になった翌シーズンのこの年は3位に終わりました。オフには抑えの佐々木主浩がメジャーに移籍。その後も2001年オフにキャッチャーの谷繁元信がFAで中日に移籍するなど、徐々に主力選手が去ってチームは弱体化していきました。チームが強くなって結果が出てくると当然選手の年俸も上がっていきます。横浜はそれまで長く勝っていなかったということもあって、そういったことに対して球団としてのケアが足りていない部分があったのは確かです。主力に残ってもらいながら、そこにどう新戦力を融合させて常に優勝争いができるチームを編成していくのか？　こういうところまで考えが及んでいなかった。つまり、優勝慣れしていなかったのです。

この年は逆指名権を二つ使わず、1位でPL学園の外野手、田中一徳を指名しました。優勝した翌年ですし、まだレギュラー陣の力もあるので、将来のレギュラー候補と期待しての指名でした。体は165センチと小さいもののスピードにはずば抜けたものがあり、スローイングも強い。PL学園という厳しい環境で揉まれてきていることも評価できるポイントでした。センターのレギュラーである波留の高校時代と比べても田中の方が上という評価でした。

2位は逆指名で明治大のサイドスロー木塚敦志（現・DeNAスカウト）を獲得。先輩スカウトの松岡さんが明治大の出身ということで早くから動かれていました。大学時代のイメージでは先発でいけるという判断でしたが、気持ちが凄く強いところも考慮されて現場はリリーフとして起用ということになったと思います。いきなり抑えも任されましたし、その後も長く中継ぎで頑張ってくれました。

3位、4位は比叡山の村西哲幸、掛川西の鈴木寛樹と高校生ピッチャー、5位、6位は報徳学園の南竜介、PL学園の七野智秀と高校生野手を指名しました。私はよく「特殊球」というのですが、村西は落ちるボールがまさに特殊球で良かったですね。ピッチングも高校生らしくなくて落ち着いていて、もう少し球威が出てきたら面白いという評価でした。鈴木はバランスが良くてピッチャーらしいピッチャーでしたが、今思い返すと少し性格が大人しかったかもしれません。南はピッチャーでしたが肩がとにかく強いので最初から外野手という評価、七野はパンチ力のある打撃を期待しての指名でした。このあたりの高校生が思うように出てこなかったことが、後になってチーム編成に響きました。高校生はピッチャーならクイック、フィールディングなどの投げる以外のこと、野手も自分の苦手なプレーなどをどうしても多く練習しなければいけません。そういうところを何とかしよう、何とかさせようとしてやっているうちに、自信を無くして、良かった部分も消えてしまったような気がしています。

この年の高校生野手で評価が高かったのが東福岡の田中賢介（日本ハム2位）でした。高校生のショートとしては攻守両面の評価が高く、中日、西武、日本ハムの3球団競合になりました。ただポジションは違いますが、横浜が指名した田中一徳と比べるとそこまでのスピードがあるわけではないですし、パンチ力も負けていないという判断で我々は田中一徳の方をより高く評価していました。鹿児島工の川崎宗則（ダイエー4位）もプロ入り後に活躍しました。高校時代からセンスはありました。でも、とにかく体が細くて「プロでは厳しいかな」という印象でした。ピッチャーでは堀越の岩隈久志（近鉄5位）も同じ。バランスは良かったものの、体は細いしこれという決め球がない。プロの世界で勝負していく武器が見えませんでした。しかし、プロ入り後に早くから出てきました。岩隈がプロで戦う武器はコントロールだったのです。それを見抜くことができませんでした。

1年だけでしたがリリーフで頑張ってくれたのが三菱自動車川崎から7位で入団した中野渡進です。192センチと上背があって良い意味で「己を知らない」部分があったのが良かったですね。プロだと全てが平均点という感じで特段凄いボールはないのですが、とにかく逃げずにバッターに向かっていく姿勢がありました。そういう気持ちの部分もやはり大事です。余談になりますが、キャンプ中に中野渡の家に泥棒が入ったことがありました。「すぐには戻れないので長谷川さん、家まで行ってくれませんか?」となぜか私に電話がきて、彼の家まで行ったことがありました(笑)。それくらい普段から図太いところがある、印象深い選手の1人です。

写真:産経新聞社

横浜高・松坂大輔(中央)に挨拶(右から2番目が筆者)

2000年▼2002年

勝手な方針転換を許せず、横浜を退団

《2000年》内川聖一を単独指名できた理由

優勝争いに絡むことができず2年連続の3位に終わったこの年。2年前にチームを日本一に導いた権藤博監督も退任となりました。若手では多村や金城が出てきていましたがレギュラーの年齢も上がってきて、打線の中心となれる次世代の選手が必要な状況でした。

そんなチーム事情もあって1位で指名したのが高校生野手の内川聖一（大分工）でした。踵の病気があって満足に高校野球ができたのは1年くらいだったのですが、バッティングは凄いものがありました。しっかり引きつけてダウンスイングに近いレベルスイングで徹底してライナーを打つ。とにかく芯を外さない。「こんなバッターがいるのか⁉」と驚きました。おまけにスローイングも良くて肩も強く、ショートの守備も良い。プロに入ってからイップス気味になってしまいましたが、それがなければプロでもショートが務まったかもしれません。

大分工の監督もされていた内川のお父さんは法政大のOBでした。法政大からも「ぜひ欲しい」という話があったようで、最初はお父さんから「プロに行かせるのは難しい」という話がありました。法政大の監督は山中正竹さんで大分の佐伯鶴城出身。内川のお父さんにとっては郷土の、そして大学の大先輩になるわけですから、他球団も法政大進学で固いと判断して指名を諦めていたと思います。ただ横浜には一つ大きな武器がありました。先輩スカウトの岩井隆之さんが大分の名門・津久見出身で法政大のOB。大学時代は内川のお父さんの先輩でもありました。そんな関係から岩井さんが内川家と法政大の間で色々と動きまわり、「横浜だったらプロに行きます」という話に持っていくことができたのです。

地元九州の逸材ということでダイエーももちろん狙っていたと思います。ですが、この年は1位、2位で超目玉だった大学生ピッチャー2人（九州共立大・山村路直、立命館大・山田秋親）を獲っていたため、横浜が1位で単独指名することができたのでした。もしも根本陸夫さん（1999年4月没）がご健在だったら、おそらく3位で内川を獲ろうと画策していたでしょうね。根本さんも法政大出身でしたから。内川はそれくらいの選手でした。

2位では逆指名で東北福祉大の左腕、吉見祐治を獲りました。体のサイズがありながらも、どちらかというと力で押すタイプではなく緩急の使い方が上手いピッチャーでした。苦しい場面で右バッターを迎えても簡単にアウトコースでストライクがとれる。先発である程度できるだろうという判断でした。実際2年目には二桁勝利もあげてくれました（11勝8敗）。チームメイトの洗平竜也も中日が逆指名2位で獲得しています。この頃の東北福祉大は中日と横浜が繋がりが強く、良い選手がいればどちらかが指名することが多かったですね。

3位の東北高の右腕、後藤伸也も内川と同じで当初は大学進学を希望していたピッチャーでした。東北高の監督は若生正広さんで、お兄さんである、東北高、中央大出身の球団代表・若生照元さんが横浜のフロントにいたこともあり、その繋がりから何とかお願いして指名することができました。事務所に顔を出した時は帰りに一杯飲んでいくのが好きな方で、球団事務所があったビルの地下に寄ってよく一緒にお付き合いしました。後藤も松坂とまでは言いませんが、高校生にしてはかなり力のあるピッチャーで、ストレートもスライダーも良かったですね。照元さんの繋がりがあったので3位で指名できましたが、本来だったら外れ1位か2位で指名されていた実力派でした。プロで成績を残せなかった理由の一番は怪我でした。性格的に少し大人しいところもプロではマイナスになったのかもしれません。

中位から下位は前年に続いて高校生の指名。4位は宿毛（高知）の東和政、5位は藤代（茨城）

の鈴木健之と2人のピッチャー、6位は糸島（福岡）のキャッチャー西崎伸洋を指名しました。東は一軍でも少し投げましたが定着することはできませんでした。宿毛、藤代、糸島とどの高校もそこまで強いチームではなかったので、プロに入って気後れした部分があったのかもしれません。逆に言うと強豪ではない大分工の内川があそこまで活躍したのは、それだけ彼に圧倒的な力があったということだと思います。

この年の目玉は前述したダイエーが指名した2人でした。立命館大の山田はボールの力も凄いしコントロールもいい。プロでも楽に10勝するピッチャーだと思っていましたから活躍できなかったのが不思議です（通算16勝11敗）。投げる時にクセが出て球種が分かりやすいといった声も聞かれましたが、山田くらいのボールを投げるピッチャーがクセだけで勝てなかったというのは、ちょっと理解できない部分ではあります。

山村も横浜の担当スカウトの武田が松山中央時代からよく見ていました。色々と接触していましたが、当時の九州共立大とダイエーの繋がりはなかなか強力でした。大学2年のときに大学選手権で大体大の上原浩治と投げ合って名前が売れて、もうその時点である程度ダイエーで決まりだったと思います。それでも順位が1位山村、2位山田となったのはダイエーと九州共立大の関係性もあったのでしょう。評価は山田の方が高かったことは間違いありません。山田は順位が下になった代わりに条件面は山村より上だったとスカウトの間では噂されていました。逆指名があった時代はこういうことはよくある話でした。

《2001年》4巡目で獲る予定だった平野恵一

この年から逆指名がなくなり『自由獲得枠』となりました。その枠が使えるのは2人までというのは前年までと同じで、違いは一つでも自由枠を使ってしまうと1巡目の指名権がなくなってしまうこと。それで割を食ったのが巨人だったと聞いています。巨人は当初、シドニー五輪日本代表でもあった大学ナンバー1左腕の青山学院大の石川雅規（ヤクルト自由枠）の自由枠が決まっていたそうですが、夏の甲子園で日南学園の寺原隼人（ダイエー1巡目）の快速球を見た長嶋茂雄監督が「今年は寺原だろう！」と言いだして方針転換したという話でした。前年までであれば逆指名2位で石川、1位で寺原を指名できたのにそれができなくなったというわけです。それにしても石川の担当スカウトはさぞ大変だったことでしょうね……。

横浜も最終的に甲子園で150キロ以上を投げて話題性のある寺原にいこうということになりました。ただ個人的にはそこまで高く評価していたわけではありません。確かにスピードガンの数字は出ていましたが、打者の手元でそこまで勢いを感じませんでしたし、極端なことをいうと野手のようなボールに見えました。甲子園は予定試合を円滑に進めるために審判が外角のストライクゾーンを広く取る傾向があります。寺原はそれに上手くはまったというのもあって、コントロールもそこまで良くありませんでした。

結局、寺原を外した外れ1位には智辯学園の右腕、秦裕二を指名しました。これは3巡目で東海大の小田嶋正邦を確保できていたことが大きかったですね。小田嶋はバッティングの良いキャッチャーで自由枠クラスの選手でした。ですが横浜と関係性の深い東海大ということもあり、早くからマークしていて、自由枠を使わずにこの順位で獲ることが決まっていました。ただ、近鉄がなかなか自由枠を上手く使えず、小田嶋を狙いにきたことがありました。小田嶋には「挨拶を受けるのはいいけど、ずっと下を向いて何か聞かれたら首を傾げておけばいいから」と言っていました（笑）。その後小田嶋に聞くと、近鉄はやはり「自由枠で」という話だったそうです。ですから横浜としても戦略上順位こそ3巡目でしたが、条件は自由枠と同等のものを用意しました。

大学生キャッチャーでは小田嶋の他にも、青森大の細川亨（西武自由枠）、法政大の浅井良（阪神自由枠）、東北福祉大の石原慶幸（広島4巡目）もいました。細川は肩は強いけれどバッティングのタイミングをとるのが上手くない。浅井は桐蔭学園ではピッチャーで、キャッチャーとしては急造な感じがしました。石原は肩も打つ方もいまひとつ特長がない。私は小田嶋を一番高く評価していました。最終的に小田嶋はレギュラーになれずに細川や石原は長くやりましたから、私の見る目がなかったということになりますね。

小田嶋は狙い通り3巡目で獲れましたが、実は4巡目で東海大の平野恵一（オリックス自由枠）を指名する予定がありました。平野は桐蔭学園の出身で当初は明治大に行く予定でした。それが、その年のリーグ戦で明治大が乱闘騒ぎを起こした影響で平野が入る予定だった学部の枠がなくなり、進路が宙に浮いてしまったのです。それで桐蔭学園の土屋恵三郎監督（現・星槎国際湘南高監督）から私に相談があって、東海大と繋いだという経緯がありました。当時のオリックスの担当スカウトは私の高校、大学の1年後輩の渡辺伸治でした。渡辺もそういう経緯を知っていましたから「平野からは手を引きます」と言ってくれていました。ただ平野自身が大学進学の時に苦労したこともあって、「自由枠で確実に指名してもらえるならそちらの方が良い」ということでオリックスの自由枠を選びました。本人の気持ちもよく分かりますので、それならば仕方ないということで私も手を引きました。

話を1巡目の秦に戻します。まだ体が細くて寺原のようなスピードはありませんでしたがボールの質が良く、ピッチャーらしいピッチャーでした。イメージは93年に3位で獲った大家と重なり、スケールは大家よりもありました。「体ができれば面白い」という判断で外れ1位となりました。

寺原を外した巨人は姫路工の真田裕貴を指名しました。真田は寺原と同じタイプで、馬力はあるけどボールがスピードガンの数字ほど来ないという印象でした。巨人が3巡目で指名した水戸短大付の鴨志田貴司も関東では評判のピッチャーで、私が担当でしたから何度も見に行きました。ですが、ボールの質があまり良くないという印象であまり評価しませんでした。練習試合で鴨志田と浦和学院の大竹寛（広島1位）が投げ合った試合を見ても、大竹の方が上だなと思いましたね。ただ大竹もまとまりはあるものの、ちょっと瞬発力が物足りなく感じ、1位で推そうという判断にはなりませんでした。

この年の高校生では西武が獲った2人、大阪桐蔭の中村剛也（西武2巡目）と育英の栗山巧（西武4巡目）が後に大活躍しました。中村は自分のポイントでとらえた時の打球は凄いものがあるという話は聞いていました。ですが、やっぱり指名打者がないセ・リーグでは打つ以外の守る、走るという部分が厳しいという判断でした。しかし、あれだけのバッターに成長した姿を見ると、何か一つでも飛び抜けたものがあったら獲るべきだなと後になって反省しました。2巡目で中村を指名した西武のスカウトは凄いと思います。

青学大の石川と同じくらい評価が高かったのは三菱重工長崎の杉内俊哉（ダイエー3巡目）でした。ただ高校から社会人に行くときもダイエーがレールを敷いたと噂されていましたし、ダイエーは97年にも同社から篠原貴行を逆指名で獲っていましたから、横浜にチャンスはありませんでした。根本さんの遺訓が色濃く残る当時のダイエーのスカウティングは他球団にとって脅威でした。

《2002年》頭を丸めて後輩に土下座、横浜を退団

この年の6月、私は球団に辞表を提出して横浜を退団しました。ですので、この年のドラフトには最後までタッチしているわけではありません。

この年のドラフトは松坂と同い年、いわゆる「松坂世代」と呼ばれた大学生に多くの有力候補が揃った大豊作の年。目玉は早稲田大の和田毅でしたが、個人的に和田より買っていたのは亜細亜大の大型右腕、木佐貫洋(巨人自由枠)の方でした。鹿児島の川内高時代に練習も見に行っ

ており、当時から抜群に良いボールを投げていました。しかし早々に亜細亜大に決まっていると聞いて諦めていました。そんなに厳しい高校ではありませんから、「厳しい亜細亜大で大丈夫か?」と少し心配するところがあり、担当の武田に「大学を辞めたらすぐ動いて獲りに行った方がいい」と言っていたくらいでしたから。それでも真面目な木佐貫は大学でも凄く頑張って伸びました。ストレートも力がありましたし、フォークも抜群に良くなっていました。

この年の横浜の方針では、自由枠で東海大の右腕、久保裕也と法政大のスラッガー、後藤武敏を獲りにいくことになっていました。正直に言えば、後藤よりも日本大の村田修一の方が評価は上でした。しかし、この頃の横浜にも「地元優先」の方針があり、村田よりも地元・横浜高出身の後藤を獲りにいくことになっていたのです。

後藤の獲得に関しては、球団上層部に法政大出身の方が就いていたこともあり、いささか楽観視されている部分があったように思います。しかし、私には「本当に大丈夫なのか?」と不安に思うところがありました。法政大のグラウンドに足を運んだときのことです。施設の改修工事が行われていたのですが、工事看板を見ると請け負っている会社が西武のグループ会社だったのです。

しばらくすると案の定、後藤は自由枠で西武に獲られました（これで本来欲しかった日本大の村田に方針転換したのは皮肉なものです）。おそらくですが、西武はグループ会社を挙げて後藤の獲得に動いていたのだと思います。

もう1人の久保は、沖学園（福岡）時代から見ていたピッチャーでした。フィールディングもバッティングも良く「ショートでも面白い」という、野球センスの良さが最初の印象でした。それで私の後輩でもある東海大の伊藤栄治監督に、「面白い選手がいるぞ」と話して、東海大に橋渡しをするような形になったのです。久保は大学でも早くから活躍し、期待に応えて自由枠でなければ獲れない選手に成長してくれました。

高校時代から見てきた強みもあり、争奪戦になる前に早々に久保から「お世話になります」と返事ももらっていました。巨人サイドからも「阿部慎之助が『ボールを受けたい』と言っていたよ」みたいな話をされたそうですが、久保は「阿部さんとは対戦したいですから」と断りを入れていました。久保は私を信じて、巨人を断ってまで横浜を選んでくれたのです。久保の映像を見てもらった現場トップの2人、監督の森祇晶さんとヘッドコーチの黒江透修さんも「変化球もいいし、これはいいね」ということで、久保の自由枠獲得に異論はありませんでした。全ては順調に進んでいました。

ところがしばらくして事態が大きく変わったのです。あれは5月だったと思いますが、私がちょうど東海大のブルペンで久保のピッチングを見ていた時でした。前述した球団上層部のある方から電話がかかってきたのです。次の言葉に私は耳を疑いました。

「もう久保のところには行かないでくれ」

納得できるはずもなく理由を問うと「自由枠は久保ではなく、法政大の土居龍太郎にすることになったから」と言うではないですか。怒りで携帯電話を持つ手が震えました。土居も東京六大学を代表する素晴らしいピッチャーに違いはありませんが、スカウトとして客観的に見ても実力は久保の方が圧倒的に上なのは明らかでした。ちなみに森さんと黒江さんには土居のビデオも見せていましたが、「ちょっと厳しそうだな」という評価をされていました。横浜のスカウト全員も「久保の方」が上という判断をしていて、久保も他球団を断って横浜を意中の球団にしてくれているのです。そんな状況で突然そんな話をされても「はい、分かりました」というわけにいきません。

後日、スカウト全員が横浜スタジアムの選手ロッカールームに集まり、その球団上層部の人間を問い詰めました。先輩スカウトも「そんなのおかしいやろ！」などと色々と言ってくれ、「久保と土居と、あんたはどっちが上だと思っているのか！」と問うと、驚いたことに「久保」だと言うのです。しかし「久保のことは諦めてほしい」と言うばかり。結局、久保ではなく土居を自由枠で獲得するという結論は変わりませんでした。

邪推になりますが、この方は法政大から誰か獲らないといけない事情があったのかもしれません。それで後藤が獲れなくなったことで、久保よりも評価が下の土居をわざわざ自由枠で獲ろうとしたとしか思えないからです。武士の情けでこれ以上は書かないことにしておきますが、こういったことがまかり通ってしまったことが、横浜のその後の長期低迷を招いた一因の一つだと私は考えています。

東海大側にはもう頭を下げるしかありません。私は頭を丸めて大学に出向き、後輩の伊藤監督に土下座をして詫びました。久保にも本当に悪いことをしました。

私は横浜ではこれ以上スカウトは続けられないと、6月に退職願いを球団に出しました。球団社長やお世話になった先輩方、色んな方が「辞めるな！」と言ってくださいました。球団事務所で6時間以上も話しました。スカウトになってから一番お世話になった部長の高松さんは「あかん！」と短い言葉でしたが、何度も言ってくれました。これが一番堪えました。

それでも私の決意は変わりません。このときの件もそうですが、数年前から、例えば一度断られた選手を再び逆指名で獲得するなど、色々と「おかしいだろ！」と感じることも多かったですし、今回のようなことが再びあったらアマチュアのチームや選手にまた迷惑をかけてしまいます。それも嫌でしたし、迷惑をかけた大学や久保に対してもけじめを示さなければいけません。

こうして私は、入団以来18年間お世話になった球団を退団したのでした。

退団が決まってからすぐ、大学の先輩でもある巨人の原辰徳監督から「一緒にやろう」というお話をいただきました。久保の件で色々あったことも承知されているようで、「久保は巨人で面倒を見るから心配するな」とも言っていただきました。この言葉には正直安堵しました。

ありがたいことにいくつかの球団からもお話がありました。なかでも印象深いのは阪神の星野監督からのお誘いです。横浜の広報をしていた、私と同期の竹田光訓が明治大出身で星野さんの後輩にあたるのですが、甲子園で試合があった時に星野さんから言われて電話をかけてきたのです。

「星野さんが阪神に来ないかと言っているぞ」

星野さんはその時、竹田の横にいたそうです。契約金も出すし5年間は契約するという話で、条件は破格でした。星野さんって凄いなと思いましたし、自分を高く評価してくださったことは本当にありがたいことでした。ただ、一番に声をかけていただいたのは原監督ですし、お父さんの原貢さんは私にとっては恩師に当たる方。そんなこともあって星野監督には丁重にお断りを入れ、巨人でお世話になることに決めました。ただし、昨日まで火花を散らして有力選手を獲り合っていたライバル球団に、退団してすぐに移籍というのもいかがなものかと思い、巨人には翌年の２００３年からお世話になることにさせていただきました。

翌年から、巨人で新たなスカウト人生が始まりました。

写真:産経新聞社

久保裕也は巨人に自由枠で入団、ユーティリティーに活躍した

大洋・横浜時代に指名された選手

横浜大洋ホエールズ

1991年			
1位	斎藤隆	投手	東北福祉大
2位	永池恭男	内野手	福岡工大付
3位	有働克也	投手	大阪経済大
4位	斉藤肇	投手	静岡・星陵
5位	石本豊	外野手	藤代紫水
6位	三浦大輔	投手	高田商
7位	山根善伸	捕手	新日鉄名古屋
8位	川北和典	内野手	元プリンスホテル

横浜ベイスターズ

1992年			
1位	小桧山雅仁	投手	日本石油
2位	佐伯貴弘	内野手	大商大
3位	五十嵐英樹	投手	三菱重工神戸
4位	金村康平	捕手	九州学院
5位	戸叶尚	投手	佐野商
6位	吉井晃	投手	たくぎん
7位	田中敏昭	投手	峰山

1993年			
逆指名	河原隆一	投手	関東学院大
逆指名	波留敏夫	内野手	熊谷組
3位	大家友和	投手	京都成章
4位	川崎義文	捕手	日本通運
5位	西沢洋介	投手	千葉工大
6位	万永貴司	内野手	中山製鋼

1994年			
1位	紀田彰一	内野手	横浜
逆指名	米正秀	投手	神戸製鋼
3位	福盛和男	投手	都城
4位	多村仁	外野手	横浜
5位	相川亮二	捕手	東京学館
6位	加藤謙如	外野手	駒大苫小牧

1995年			
逆指名	細見和史	投手	同大
逆指名	関口伊織	投手	日本通運
3位	横山道哉	投手	横浜
4位	杉山俊介	捕手	砂川北
5位	鶴岡一成	捕手	神港学園

1996年			
逆指名	川村丈夫	投手	日本石油
逆指名	森中聖雄	投手	東海大
3位	大野貴洋	内野手	所沢商
4位	石井義人	内野手	浦和学院
5位	神田大介	投手	花咲徳栄

1997年			
1位	谷口邦幸	投手	町野
2位	新沼慎二	捕手	仙台育英
3位	関屋智義	投手	愛知
4位	田中充	外野手	西京商
5位	宮内洋	内野手	元住友金属

1998年			
1位	古木克明	内野手	豊田大谷
逆指名	矢野英司	投手	法大
3位	金川直樹	内野手	山陽
4位	福本誠	内野手	法大
5位	金城龍彦	投手	住友金属
6位	小池正晃	外野手	横浜

大洋・横浜時代に指名された選手

1999年			
1位	田中一徳	外野手	PL学園
逆指名	木塚敦志	投手	明大
3位	村西哲幸	投手	比叡山
4位	鈴木寛樹	投手	掛川西
5位	南竜介	投手	報徳学園
6位	七野智秀	内野手	PL学園
7位	中野渡進	投手	三菱自動車川崎
8位	八馬幹典	内野手	三菱自動車京都

2000年			
1位	内川聖一	内野手	大分工
逆指名	吉見祐治	投手	東北福祉大
3位	後藤伸也	投手	東北
4位	東和政	投手	宿毛
5位	鈴木健之	投手	藤代
6位	西崎伸洋	捕手	糸島
7位	稲嶺茂夫	投手	東海大
8位	竹下慎太郎	投手	大分硬式野球倶楽部
9位	渡辺雅弘	捕手	東北

2001年			
1巡	秦裕二	投手	智弁学園
2巡	小田嶋正邦	捕手	東海大
3巡	岡本直也	投手	岡山理大付
4巡	田崎昌弘	投手	JR九州
5巡	千葉英貴	投手	日大三

2002年			
自由獲得枠	村田修一	内野手	日大
自由獲得枠	土居龍太郎	投手	法大
4巡	加藤武治	投手	三菱ふそう川崎
5巡	吉村裕基	内野手	東福岡
6巡	北川利之	内野手	川鉄水島
7巡	飯田龍一郎	投手	育英
8巡	河野友軌	外野手	法大
9巡	堤内健	投手	日大
10巡	武山真吾	捕手	享栄
11巡	木村昇吾	内野手	愛知学院大

第二章
読売ジャイアンツ時代＜前期＞

2003年-2009年

2003年

巨人で感じた横浜との違い

早々に決まっていた内海の自由枠

この年の1月から巨人のスカウトとして活動することになりました。ありがたいことに最初から「社員」という形で契約いただきました。原監督からは「俺たちも1年勝負なんだから、国利もそれでいいだろ?」と言われましたが、監督とはもらっている金額が大分違うんですけどね(笑)。

狭い世界ですから横浜時代に起こった東海大・久保に関する一件の話は他球団にも広がっており、スカウト仲間からは「あんなことをされたら現場の担当はやってられないよな」と同情するような声もかけていただきました。他球団のスカウトは競争相手でもありますが、現場で会えば当然色んな話もしますし、食事に行ったりすることもあります。そういう繋がりはありましたから、私の巨人への移籍についても理解を示してくれていた方が多かったと思います。

巨人で担当することになったのは主に関東地方でしたが、現場に出て思ったことがありました。それは巨人のスカウトは選手を〝獲るために見ている〟という意識が低いということでした。ピッチャーが何キロを投げる、一塁まで何秒で走るみたいなことは一生懸命に数字をとるものの、それ自体が目的になっているように感じたのです。横浜時代に巨人と選手の獲得競争になった時が何度かありましたが、正直怖くありませんでした。横浜のスカウトの方がその選手を「獲るんだ！」という意識が強かったですし、我々の方が早く動いて関係者とも深い関係性を築いていましたから。

原監督もそういったことを薄々感じられていたようで、「気がついたことを言ってほしい」と言われていました。ちなみに原監督は誰を獲ってくれ、誰が欲しいなどとあまり言うタイプの監督ではありませんでした。もちろん「こういうタイプの選手が欲しい」ということや、気になった選手に対する質問はありましたが、あくまでもスカウトの意見を尊重してくれる監督でした。

自由枠という制度がまだあったこの年は、敦賀気比時代に巨人入りを希望してオリックスの1位指名を拒否していた東京ガスの大型左腕、内海哲也を自由枠で指名することがかなり早い段階から決まっていました。高校時代から内海のピッチングは当然見ています。柔らかさはあったもののまだ〝ぐにゃぐにゃ〟している印象で、力強さはありませんでした。内海と同じ年の高校生左腕では七尾工（石川）の森大輔がいました。内海より馬力があって、1試合で23奪三振を記録するなど、横浜では担当スカウト高浦美佐緒さんが内海よりも森を高く評価していました。その後、森はプロへは進まずに高浦さんの出身チームでもある社会人の三菱ふそう川崎に進み、この年の自由枠で横浜に入団しています。ただ、社会人でフォームを崩したこともあり、プロでは一軍に上がることはできませんでした。

内海も社会人で相当打ち込まれた試合も見ましたし、正直ボールもそんなに来ているような感じはありませんでした。プロに入ってからしばらくは思うように勝てなかったのもある意味不思議ではなかったという印象です。それでも結婚してから野球に集中するようになって、取り組みが変わって成績も良くなりました。技術的には変化球が良くなりましたね。チェンジアップとスライダーを同じ軌道から変化させられるようになったのが大きかったと思います。最終的には巨人のエースにまで成長しました。そういう意味では奥さんに感謝ですね。

自由枠のもう一つは使わずに広陵の右腕、西村健太朗を2巡目で指名しましたが、西村より先に高く評価していたのが浦和学院の左腕、須永英輝でした。左ピッチャーでコントロールも良いことから、早くから使えるだろうと評価していました。ご両親が荒川区の町屋で居酒屋さんを営んでおり、私は担当ではなかったのですが地元が近いということで、スカウト部長の吉田孝司さんからの指示で何度か通いました。最初は怪しまれないように妻も同伴して行き、ご両親に認識されたかなという何度目かの来店のときに「実は私、巨人のスカウトなんです」という話をしました。5回以上は通ったと思います。本人はどこの球団に行きたいという強い意志はなかったと思いますが、ご両親は東京出身ということもあって巨人を希望してくれていました。ところが2巡目で先に指名したのが日本ハムでした。数年後にトレードで巨人に来ることになりましたが、その後のドラフト指名を巡る日本ハムとの因縁はこの頃から始まっていたのかもしれません。

西村は地元の広島が指名することを検討していたようです。しかし、巨人スカウトの山下哲治さんが広陵出身。水面下で色々と動いていました。広陵の関係者が集まる広島のお店があって、山下さんもよくそこに顔を出して色んな方と繋がりを持っていました。広島は指名しても来ないと判断したのか、西村とバッテリーを組んでいた白濱裕太を1巡目で指名。広島は断られた選手を2巡目で西村を指名することができました。内川聖一のときもそうですが、広島は断られた選手を強引に指名しない、という方針を山下さんも分かっていたのかもしれません。

西村はリリーフで成功してくれました。シュートを使えたことが大きかったですね。須永がトレードで巨人に来てから思ったことは、西村の方がプロに入ってから明らかに体が大きくなっていたことです。そのあたりが2人のプロ入り後の成績の差に繋がったのかもしれません。原監督からは「須永も西村も2人とも獲れないの?」と言われたことがありました。「そんなに簡単なものではないですよ!」と話しましたが、良い選手がいれば何とか両方獲りたいという意識は、横浜よりも巨人の方が強かったように思います。

4巡目で指名した徳島商の平岡政樹も私の担当エリアの選手ではありませんでした。しかし東海大と繋がりのある方から原監督に話があって、その流れから私が何度も見に行くことになりました。高校生にしては力のあるボールを投げるピッチャーで、甲子園で速いボールを投げて注目を集めていたことからロッテが上位で狙っているという話もありました。ですが本人の希望は巨人。詳しくは話せませんが「あの手この手」を使ってなんとか4巡目で指名することができました。この時代は、自由枠が使えない有力な高校生を如何に上手く指名するか、各球団が水面下で色々と動いていた時代でした。平岡も1年目にいきなり一軍で先発するなどスタートは悪くありませんでした。ただ、故障もあって2年目以降は一軍に上がることができませんでした。プロで勝負するにはもう少し何か大きな特長、武器が必要だったのかもしれません。

西村、須永、平岡の高校生投手3人はみな巨人を希望してくれました。これは巨人のブランド力というわけではなく、色んな繋がりからスカウトが動いた結果だと思います。実際、須永は日本ハムに指名されてそのまま入団していますからね。

スカウト部長の吉田さんの言葉で覚えているのは「チームを強くするのはスカウトと二軍コーチ」という言葉です。バッテリーコーチ時代に斎藤雅樹、槙原寛己、桑田真澄など高卒のピッチャーが活躍してチームが勝っていた経験もあってか「高校生の良い選手がいたら積極的に狙おう」ということもよく仰っていましたし、吉田さんの口からは「即戦力」という言葉もあまり聞かれませんでした。実際この年の自由枠も内海の1人だけでした。高校生ピッチャーを上位で獲ったのは吉田さんの意向も強かったと思います。

二岡がいるのに鳥谷も?

大学球界には投打に目玉がいました。ピッチャーは九州共立大の馬原孝浩(ダイエー自由枠)。しかし、これは山村路直のところでも書いた通り同大学とダイエーの関係が強固で、他球団は手を出せない状況でした。

野手では早稲田大のショート、鳥谷敬。阪神に入団することになるこの逸材の獲得には巨人も動いていました。横浜のスカウト時代、聖望学園は私の担当エリアだったことから鳥谷は高校時代から何度も見ていました。その頃から金属バットの打ち方ではなく、レフト方向、左中間の打球がよく伸びる、木製バットにも対応できるであろう良いバッティングをしていました。ただ、高校時代はピッチャーも兼任していたので、守備や走塁はそこまで評価できず、その点は大学に行ってから大きく伸びた印象です。余談になりますが、作シーズン、DeNAで活躍したアンダースロー、中川颯を桐光学園で見た時は高校時代の鳥谷とイメージが重なって「この子は野手で面白い」と思いました。今はピッチャーで頑張っていますが、野手で勝負していても良い選手になったかもしれませんね。

この頃、巨人のショートには5年目、27歳になる二岡智宏が君臨していました。編成的に大学生ショートはそこまで必要ないのでは？　と思いましたが、巨人ではスカウト部の意向に関係なく「目玉、スター選手がいたらとにかく獲りにいこう」という姿勢が徹底されていました。それはドラフトだけではなくＦＡも同じです。力のある選手がＦＡした場合、報道に出ていなくても、ほとんどの選手に接触していると思います。ただ問題だなと思ったのは、トレードや

ＦＡを担当する部署とスカウト部との横の繋がりがなかったこと。その結果、どうしてもポジションの重なりが出てくるのです。そうなると辛いのはスカウトです。高校や大学、社会人の関係者に「うちには○○選手が必要なんです」「選手を預からせてください」と頭を下げておきながら、いざ入団してみたらＦＡやトレードで実績のある、同じポジションの選手が入ってくるのですから。送り出す側からすれば「そんな話は聞いてないぞ！」ということになります。我々スカウトだって「聞いてないよ！」という思いは同じなのですが。そういうことが巨人に移ってから多くありました。

私は巨人に移籍したばかりでしたが、もし責任ある立場にいたら「鳥谷を獲りにいこう」ということは絶対に言いません。鳥谷自身も巨人のチーム事情を分かっていて阪神を選んだということを後になって聞きました。そういう判断ができたところも、彼がプロで長く成功した要因の一つだったのではないでしょうか。

見抜けなかった青木のポテンシャル

鳥谷の早稲田大のチームメイト、青木宣親はヤクルトが４巡目で指名して大成功した選手です。巨人の担当スカウトは同大出身でもある〝青い稲妻〟松本匡史さん。足も速いしミート力もあるとリストアップもされていました。ただそこまで高く評価している感じでもなく、私自身もまさか日米通算2730安打も打つ選手になるとは全く想像できていませんでした。後に同じ早稲田大から巨人に入った重信慎之介のような足の速さを売りにするタイプの選手になるイメージを持っていましたから。

近畿大からピッチャーとして日本ハムに自由枠で入団した糸井嘉男も後に野手に転向して大活躍しました。糸井は宮津高（京都）時代からピッチャーとして横浜のリストに入っていた選手で、大阪のどこかの球場まで実際に見にも行きました。馬力はありそうなものの、とにかく投げ方、フォームが硬いという印象でした。私が少しパニック障害みたいな症状で目眩がして、ふらふらになりながら試合を見たこともあり、よく覚えています（笑）。大学に入ってからもスピードは出るようになりましたが、高校時代から一貫して柔らかさがないなという印象は変わりませんでした。プロに入って野手に転向したばかりの頃、日本ハムのスカウトをされていた今成泰章さんが「長谷川、糸井はバッティングマシンのフリーバッティングだけを見たらメジャー級だぞ」と言っていました。まさかあそこまでの選手になるとは誰も予想していなかったでしょうね。

関東の高校生では横浜高の成瀬善久がロッテに6巡目で指名されています。部長の小倉清一郎さんからは「栃木の中学からいい左ピッチャーが入ってきたよ」ということは早くから聞いていましたが、正直、ボールの力は感じませんでした。阪急で活躍した星野伸之とちょっとフォームが重なってボールが見えづらいかなとは思ったものの、そこまで評価できませんでした。6巡目という評価は妥当で、ロッテでよく頑張ったと思います。

球団は変わってもスカウトとしてやることは変わらないと思っていましたから、巨人だからといって特別に苦労したということはありませんでした。原監督としては高校、大学の直属の後輩である私がスカウトにいることで、ドラフトやスカウトに関して言いたいことも言いやすいでしょうし色々とやり易いというのもあったはずです。平岡の時のように、担当地区外の選手獲得を突然振られるようなことはこの後もありました。それだけ自分には頼みやすかったのでしょうね。他のスカウトはそんな仕事はなかったと思いますが(笑)。

2004年

一場問題の発覚で自由枠は方針転換

「報道見たか？　大変なことになるぞ」

この年は「即戦力ピッチャーを自由枠で2人獲る」という方針が決まっていましたから、二つ使えた自由枠でまずシダックスの野間口貴彦を獲りました。これも私が巨人に来る前から、内海と同様に社会人に行った時から巨人と話ができていたようです。野間口は関西創価の時に春の甲子園にも出場していて、当時から評判のピッチャーでした。両サイドに力のあるボールが投げられて、個人的にも高く評価していました。ちょっと態度が横柄に見えるところは気になりましたが、気持ちも強そうだしピッチャーらしいなという印象でした。巨人の担当スカウトは中村和久さんで、よく頻繁にシダックスにも通って、当時監督だった野村克也さんの話もされていました。

もう一つの自由枠は明治大の右腕、一場靖弘に使うつもりで動いていました。一場は当時としては珍しい150キロを連発するほどのスピードがあって、4年になってからは全日本大学野球選手権大会で完全試合も達成するなど、大学生の中では早くから評価が高かったピッチャーでした。巨人としては東京六大学のスターということもあって、まずは獲れないか動いてみようということだったのではないかと思います。個人的には下半身に柔らかさがないのがどうしても気になりましたし、それ以上に一場の精神的な部分が気がかりでした。私は一場の担当ではなかったのですが、担当の付き添いとして一緒に食事をする機会が幾度かありました。話している最中にテーブルの下で携帯をいじったり、待ち合わせ時間にパチンコで遅れてきたり（笑）。率直に言って良い印象を持つことができませんでした。昔の明治大の選手のような雰囲気がないというか、もっとストレートにいえば「その態度はなんだ！」と言いたい気持ちをぐっと堪えることもありました。正直、こういう選手がプロで活躍するのは厳しいんじゃないかと感じたのです。そうこうしているうちに、巨人を含む複数球団が一場に多額の金銭を渡していた、いわゆる「栄養費問題」が発覚しました。

問題が発覚した時のことは鮮明に覚えています。ちょうど夏の甲子園で大阪に行っている時で、私は梅田にあるサウナに入っていました。サウナから出てきて携帯を見ると着信履歴には『原辰徳、原辰徳、原辰徳』の名前がずらり。ちなみにこの年の監督は堀内恒夫さんで、原さんは現場から離れていた時期です。すぐにかけ直すと、「報道見たか？　大変なことになるぞ」と言われたのが最初でした。

この問題はニュース、新聞などでも大きく扱われ、球界を揺るがす大問題に発展し、渡邊恒雄オーナー、会長、社長、代表が引責辞任。スカウト部も吉田さんに代わって末次利光さんが部長になっています。またこのとき、新しい取締役球団代表兼編成本部長として本社からやってきたのが、後にGMとなる清武英利さんでした。

逆指名、自由獲得枠という制度は不正の起きやすい制度でした。しかしながら、これだけの騒動があっても、翌年から枠が一つ減って名前が「希望枠」に変わっただけで、不正の温床になりやすい事実上の逆指名の制度は残りました。

巨人は一場から手を引いたことで、日本大の大型左腕、那須野巧を狙いにいきました。しかし横浜が早くから接触していたこともあり断られています。横浜以上の条件提示はしていたはずですが、動き始めたのが遅かったため、ひっくり返すまでには至りませんでした。巨人が動き始めた頃には那須野サイドはもう横浜に返事もしていたようです。ちなみに那須野に対しても、横浜がプロ野球界で申し合わせている契約金の最高標準額（1億円プラス出来高

5000万円）を大幅に上回る5億3000万円を払っていたとして数年後に大きく報じられました。

結局、巨人は自由枠のもう一枠で八戸大の右腕、三木均を獲りました。下級生の頃から投げていて力のあるピッチャーではありましたが、一場、那須野ほど評価は高くありませんでした。それでも、この時点でのめぼしい即戦力ピッチャーは、大阪ガスの能見篤史（阪神自由枠）が25歳、JR九州の樋口龍美（中日自由枠）が28歳でしたから、三木には即戦力としてももちろん、年齢的な伸び代の部分にも期待しました。ちなみにトヨタ自動車には高卒3年目の金子千尋がいました。ですが、まだ身体も細かったですし怪我もあって、この時点で高く評価している球団は少なかったはずです。オリックスも即戦力としてではなく青田買いのつもりがあったと思います。

モノが違ったダルビッシュ

4巡目で指名した中央大の亀井義行は、肩が強くて打つ方もミート力があり、他球団からの評価はもっと高かったと思います。スカウト部長になったのが中央大出身の末次さんだったからこそ、この順位で指名できたのではないでしょうか。この時巨人はまだ高橋由伸が中軸で、外野には清水隆行も健在。亀井にとっては厳しい球団に入ることになるなとは思っていました。他球団であればもっと早くにレギュラーになっていたかもしれません。ポジションが重なっても良い選手なら獲るというのは、巨人らしい指名でもあるのですが。

ドラフトだけでなく、ポジションに関係なく他球団の主力選手を獲ってくることも巨人ではよくあることでした。この年もダイエーから小久保裕紀が無償トレードで移籍してきていました。しかし、小久保の獲得はマイナスになりませんでした。練習に取り組む姿勢、そのストイックさは他の選手とは全く違っていました。小久保から学んだ選手も多かったと思います。2007年にFAで日本ハムから移籍してきた小笠原道大も小久保に通ずるものがありました。彼らのような選手が来ることで、若手選手に与える刺激は多かったことでしょう。こういった選手の獲得であればポジションの重なり云々は関係ないと思いましたね。

この年、ポテンシャルが一番高いと感じていたのは東北高のダルビッシュ有（日本ハム1巡目）でした。しかし、冒頭にも書いた通り「即戦力投手を自由枠で2人獲る」という方針でしたので、高校生の1位候補は追っていませんでした。今にして思えば、ダルビッシュも甲子園で活躍してスター性もあったので、巨人が好みそうな選手ではありました。ただ逆指名制度は巨人が提案してスタートしたものですので、その枠を当然使うという前提、暗黙の了解があったように感じました。逆指名、自由枠を使わなかったのは2001年に寺原を指名した時だけですから。この時は前にも触れたように青山学院大の石川雅規の自由枠がほぼ決まっていたにもかかわらず、当時の長嶋監督が甲子園を見て「日南学園の寺原にしよう！」ということで急遽方針転換したという経緯がありました。そういうイレギュラーなことがなければ、まずは逆指名で獲れる選手を狙おうというのが球団の方針でした。

東北高の若生監督には横浜時代から大変お世話になっていました。若生監督は「これはプロだな」という選手に対しては徹底して目をかける監督さんでした。ダルビッシュがいた時も何度か学校に行きましたが、股割りやストレッチはいつも丁寧にやらせていましたね。

当時のダルビッシュは怪我が多く、成長痛などもあってあまり厳しい練習はできなくて、試合でも思いっきり投げることは多くありませんでした。それでも力をあまり入れていないようでも大きく腕が振れて指にかかったボールが投げられるピッチャーでしたから、モノが違うなという印象がありました。東北高ではダルビッシュの2学年上にいた高井雄平（2002年ヤクルト1位）も評判でしたが、2人を比べてもダルビッシュのポテンシャルの高さは遥かに上だなと感じました。一方で、プロ入り直後にパチンコ屋でタバコを吸っているところを写真誌に撮られるなど、高校時代から素行面が悪いということも言われていました。巨人はそもそも指名する予定はありませんでしたから詳しく調査はしていなかったですが、多少素行が悪いような選手はそれまでもよくいましたので、そこまで気にはしていなかったと思います。他球団はそういうところを気にしてか、結局日本ハムしか指名しませんでした。それでも実力は1位指名重複レベルでした。

横浜高の涌井秀章も完成度が高く、評価の高いピッチャーでした。松坂大輔のような力感はなくても、楽に投げてポンポンと抑えていくというピッチングをしていて、3年生時の水戸で行われた春の関東大会ではフォームはもう出来上がっているという印象でした。バッター目線で言うと、そんなにボールの力があるように見えなくても、いざ打席に立ってみると手元でボールが来るタイプ。コントロールも良かったですし、クイックやフィールディングもしっかり鍛えられていました。高校生のピッチャーはピッチング以外の部分で躓くことも多いので、涌井についてはそういう心配はないだろうという安心感もありました。横浜高の小倉部長は「松坂はショートだよ」みたいに、自分のところの選手を厳しく言うことが多かったのですが、涌井に対してはそんな話はありませんでした。小倉さんも涌井を高く評価していたのだと思います。

巨人で初めて担当した東野峻

巨人が7位で指名した鉾田一（茨城）の東野峻は私が担当した選手でした。スカウト部長だった吉田さんが一場の事件で退任する前、「お前の担当エリアで誰か良い選手がいたら獲るから」と言ってくださって、それで推薦したのが東野でした。前年のドラフトでは私が担当した選手はいませんでしたから、吉田さんとしても何か長谷川に仕事を作ってやりたいという気持ちもあったのだと思います。東野はもちろんダルビッシュや涌井のようなレベルのピッチャーではありませんでしたが、ものすごい背筋の強さを感じましたし、スライダーの変化の仕方も面白いと思って見ていました。何より印象に残ったのは負けん気の強さ。チームの関係者や周りのスカウトからは「ちょっと生意気じゃないか」という声もあったほどでした。高卒7位という順位ながらも3年目から一軍で投げて、二桁勝ったシーズンもありましたし、開幕投手にもなりました。活躍できた期間は長くありませんでしたが、私の印象に残っている選手の1人です。

そんな東野はトレードなどを経た後、2015年に現役を引退。その後はＤｅＮＡで打撃投手や二軍投手コーチなどをしていましたが、最近連絡をくれて「今年から巨人でアカデミーのコーチになります」と報告をしてくれました。また巨人に戻ってきてくれることが嬉しいですね。

原監督の後を受けて、この年から監督になった堀内さんは、ドラフトに関しては細かい注文をつけてくることはありませんでした。現場は現場、スカウトはスカウトと割り切って考えるタイプの監督さんでした。2年続けて優勝を逃していたこともあって「即戦力のピッチャーが欲しい」ということくらいは言っていたかもしれませんが、それでも、具体的な選手の名前や要望を出すようなことはありませんでした。

写真:産経新聞社

2004年巨人新入団選手発表(一番左が東野)

2005年

育成指名から誕生した鉄腕左腕

高校生1位左腕3人の評価

前年に一場問題があって、この年から高校生ドラフトと大学生・社会人ドラフトが分かれて行われるようになりました。スカウトの現場から言わせてもらうと、正直やりづらい部分がありました。何がやりづらいかというと、高校生と大学生・社会人に分かれたことで、順位が分かりにくくなったことです。全体では5巡目、6準目の評価でも高校生ドラフト2巡目、3巡目になればその順位に見合った契約金が必要ということにもなります。建前としては高校生の進路のためにも、高校生ドラフトを先にやりたいという要望もあったと言われていますが、見ている人たちにも分かりづらい制度だったと思います。また、大学生・社会人にのみ二枠認められていた「自由枠」が「希望枠」となり、使えるのは各球団一枠だけ。枠を行使しなければ高校生ドラフトの2巡目指名権が得られるということになりました。これもやはり分かりにくいルールでした。

この年の巨人は、まず高校生ドラフトでは1巡目で大阪桐蔭の大型左腕、辻内崇伸を指名しました。イメージとしては左右の違いはありますが寺原に近いタイプと見ていました。上半身の力を使って投げて、確かにスピードガンの数字は出るけれど、バッターから見るとそこまでの速さは感じない。個人的にはあまり高く評価していませんでした。ただ左で155キロが出せるピッチャーはなかなかいませんし、甲子園で1試合19奪三振を記録するなど話題性は抜群でした。巨人は寺原の時と同じように、派手な肩書きや実績のある選手は高く評価されやすい傾向がありましたね。

オリックスとの抽選となりくじを引いたのは堀内監督。オリックスの中村勝広GMが手を挙げたため、てっきり外したと思った堀内監督はテーブルに帰ってきて「外してごめん」と謝るのです。この時は私もテーブルにいたのですが、ポンと置かれた抽選用紙に目をやると『交渉権確定』と書いてある。「これ当たっていますよ！」ということになって現場は大混乱です。あれには驚きました（笑）。辻内もマスコミにオリックスに対するコメントを会見の席で話していましたからね。

高校生の左ピッチャーでは個人的にはヤクルトが1巡目で指名した東海大甲府の村中恭兵の方が面白いと思っていました。同校の村中秀人監督は私の高校、大学の先輩ですから、恭兵のことも早くから知っていました。中学時代から評判で、横浜高の小倉部長も獲りにいっていたみたいですが、村中監督が「俺の親戚だから」みたいなことを言って諦めさせたそうです。本当は血縁関係なんてなかったのですが(笑)。恭兵はひじも柔らかくて、カーブもブレーキがあってこれは伸びそうだなと思いました。ただ高校時代から、話をしても声が小さいし、すごくおとなしくて「もっと自信を持つように!」と言ったことを覚えています。その辺りが懸念点ではありました。

同じ左ピッチャーでは楽天と広島が指名した報徳学園の片山博視がいました。楽天のスカウト部長の楠城徹さんは、片山を評価していて、かなり早くから1位で指名すると言っていました。ただ片山は190センチの体はあってもスピードがありませんでした。フォームも〝ギッコンバッコン〟しているように見えてスムーズではないし、柔らかさもない点が気になりました。どちらかというとバッティングの方が面白いなという印象でしたが、それでも守るところがファーストに限られたので、そこまで高い評価はしていませんでした。

高校生の4巡目で巨人が指名した済美の福井優也（2010年広島1位）は最終的に入団に至りませんでした。これは入団拒否をされたのではなく、色々な問題が出てきて双方合意のもとで「今回は見送りましょう」という話になったものです。そんなこともあったので、一年浪人して早稲田大に入った時には驚きました。

高校生の野手では福岡第一の陽仲壽（現・陽岱鋼／日本ハム1位）がショートで評判の選手でした。早くからソフトバンク希望がかなり強く、台湾出身で王貞治さんとの繋がりも強かったようでしたから、巨人は候補から消していたと思います。

松田宣浩に感じた巨人とソフトバンクの違い

大学生・社会人ドラフトでは希望枠で東北福祉大の福田聡志を獲りました。まず評価したのはスピードがあったこと。巨人は基本的にスピードのあるピッチャーを高く評価する傾向にありました。フォームは広島にいた山内泰幸みたいな少し変則的な投げ方でしたが、それでもスライダーが抜群でした。大学でもリリーフで投げていましたし、巨人としてもセットアッパーや抑えで早くから使えるのではないかという判断でした。

次に指名したのが新日本石油ENEOS（現・ENEOS）の右腕、梅野雅史。私が担当した選手です。桐蔭学園でも1年生から投げていて、その時からよく知っているピッチャーでした。私の古巣、横浜も地元の選手ということで新日本石油ENEOSにかなりお願いに行っていたようで、梢野も「横浜にしか行かない」みたいなことを言っていました。ただこちらは、高校1年のときから見てきていましたし、親御さんにも会っていましたから「指名すれば入団してくれる」という確信がありました。だから横浜より先に3巡目で指名したのです。この時の横浜の担当スカウトが誰だったかは覚えていませんが、元々新日本石油ENEOSとも繋がりが強い球団でもありましたから「話をつけられる」と思っていたのではないでしょうか。実際、新日本石油ENEOSの野球部長が巨人の末次スカウト部長に会いに来たこともありました。でもこちらも引くわけにはいきませんから話もしていません。梢野の調査に関しては横浜時代から私が動いていましたから、今さら出てこられても負けることはないと自信を持っていました。梢野はプロでは思ったような結果は残せませんでしたが、高校に入学した時から良いボールを投げていましたし、ポテンシャルの高いピッチャーでした。

4巡目で指名した早稲田大の越智大祐、5巡目で指名したNTT西日本の脇谷亮太がプロ入り後に頑張ってくれました。越智は早稲田大で活躍していた投手でボールの力もあったので、もっと上の順位で考えていた球団もあったと思います。この順位で指名できたのは同大OBでもある担当の松本さんが色々と動いてくれたおかげだと思います。フォームが少しギクシャクしていましたが馬力と投げる体力があり、横浜時代に逆指名で獲得した小桧山とイメージが重なりました。小桧山はプロでは結果を残せませんでしたが、上手くハマればリリーフで活躍できるタイプのピッチャーでしたから。彼に期待していたような活躍を越智が見せてくれました。脇谷は日本文理大時代に大学選手権で優勝していて、社会人野球にいってから足が速くなったということで指名しました。大学、社会人で結果を残しプロでも期待通りの活躍をしてくれた選手でした。

他球団が指名した大学生では亜細亜大の松田宣浩をソフトバンクが自由枠で獲得して長くレギュラーとして活躍しました。巨人としてはピッチャーを優先する方針でしたから最初から積極的に動いていなかったと記憶しています。松田の在学中、部員が問題を起こしたペナルティで二部に降格することもありましたが、そんなことがあっても一部、二部で合計19本もホームランを打っていましたし、パンチ力は抜群でした。

松田の指名で思ったことがあります。それはソフトバンクのやり方は巨人とは違うということです。27本のホームランを打っていたバティスタを契約が1年残っていたにもかかわらずオフに自由契約にしました。それだけ松田を鍛えてレギュラーにしようということですよね。もし巨人が同じような状況になっていたら、松田や亜細亜大の関係者には「松田くんにはバティスタから良いところを学んでもらいたいと思っている」みたいなことを言ってバティスタも残していたことでしょう。目先のシーズンだけのことを考えればそれも良いかもしれませんが、将来を考えれば「これは！」と思った選手を積極的に起用する、チャンスを与える。そういったことも大事ですよね。

テスト入団から大ブレイクした山口鉄也

結果的にこの年に巨人が指名した選手で最も活躍したのが育成ドラフト1位の山口鉄也でした。山口はテストを受けての入団でしたが、巨人の前に横浜のテストも受けています。その時、横浜で編成を担当していた亀井進さんは評価をしていたものの球団としては獲れないという判断になり、「巨人でも見てやってくれないか」という連絡が私にありました。このような経緯で山口は巨人のテストを受けに来ていました。

ストレートは140キロ出るか出ないかくらいでしたからスピードはありませんでした。公募テストで多くの人にジロジロと見られて緊張していたこともあったと思います。抜けたボールも多くてコントロールもばらついていました。ただ時折指にかかった時のボールには角度がありましたし、踏み出した右足を踏ん張ってから腕を振るスタイルで、そのリズム感には光るものがありました。こういうタイプのピッチャーは独特の〝間（ま）〟を作れるので、バッターからすると打ちづらいことが多いのです。最終的には「左ピッチャーだし、体ができてスピードもついてくれれば面白いかもしれない」という判断で、この年からスタートした育成ドラフトで獲ることになりました。そんな経緯で獲った選手が3年目に新人王を獲得し、その後も9年連続60試合以上登板、通算６４２試合も投げるまでのピッチャーになってくれるとは夢にも思いませんでした。

巨人の体制としては２００４年の途中から清武さんが編成、ドラフトにも関わる立場になっていますが、この当時はまだそこまで積極的に意見はされておらず、もう少し後になってから「育成選手を多く指名して三軍を作る」ということになりました。

育成で指名される選手は山口のような通常ではスカウトがリストアップもしないような選手が大ブレイクする可能性を秘めている一方で、大部分の選手は支配下の選手よりも実力が劣ります。また三軍を作るにしても、試合をするためには社会人や大学にお願いしないといけません。ちなみに社会人トップレベルのチームであればプロの二軍でも負けることがありますから三軍では歯が立ちません。社会人である程度のレベルにある選手は三軍の選手よりも、はるかに力があります。それくらい社会人のトップレベルと三軍は力の差があるのです。

ホンダと試合をしたときにはこんなことがありました。小手川喜常という選手が連続ホームランを打ったのですが、それを見ていた巨人の編成から「凄い選手がいるぞ！」という話になったのです。確かに三軍とはいえ巨人のユニフォームを着たプロのピッチャーから連続でホームランを打ったのは凄いことです。しかし、社会人としては良い選手でもプロで活躍できる選手かと言われれば話は変わってきます。当然スカウトはリストアップしていませんでした。しかし、現場から報告を受けた清武さんからは「何でリストアップしていないんだ？」ということを聞かれるわけです。「そういう評価の選手です。我々は目の前の結果だけではなく『プロで活躍できるかどうか』で判断していますから」と私は答えました。

三軍を組織するためには育成ドラフトでたくさんの選手を集めなければなりません。育成ドラフトに対する私の考え方はまた後に触れたいと思います。

写真:産経新聞社

2005年巨人新入団選手発表（一番右が山口）

2006年

直前まで意見が割れた、外れ1位坂本勇人

原監督が高く評価した堂上直倫

原さんがこの年から3年ぶりに監督として復帰することになりました。スカウト部長も末次さんから山下さんに変更になり、原監督、清武球団代表兼編成本部長、山下スカウト部長という体制になりました。

この頃、原監督と清武さんに呼ばれ「横浜から巨人に来て感じたことを教えてほしい」と言われたことがありました。そのときに私が話したのは、担当エリア以外の選手も視察に行くスカウトのクロスチェックとアマチュア側との関係構築についてでした。この頃は北海道や東北地方には今程有力な選手もおらず、担当地区内だけで効率よく選手を見て回ることができませんでした。また、自分の担当地区に良い選手がいたとしても他の地区の選手と比べてみないことにはその選手が全国レベルで見てどうなのか判断することも難しくなります。横浜時代はそ

れが上手く機能していたことを話すと、しばらくして巨人でもクロスチェックが行われるようになりました。また、それまでの巨人では偉い方がアマチュアの現場に顔を出すことはほとんどなかったのですが、清武さんは現場によく顔を出してくれるようになりました。これによって巨人スカウトとアマチュア側の方とのお付き合いも増えたと思います。

この年のドラフトでは30歳になっていたショートの二岡の後釜を第一に考えていました。そこで高校生ドラフトで狙ったのが愛工大名電の大型ショート、堂上直倫でした。甲子園でも活躍していましたし、関東遠征での東海大相模戦ではショートライナーくらいだと思った打球がそのままホームランという強烈な打球を目の当たりにしたこともありました。野手では一番という評価でしたし、原監督も堂上を気に入っていました。

堂上はお父さんが元中日のピッチャーで、この頃は中日の寮長をされており、お兄ちゃんも中日の選手。地元のサラブレッドを当然中日も狙ってくることは分かっていました。巨人としては「中日以外には行きません」と言われるのが一番困りますから、事前に色んな関係者の方にもお会いして「巨人は必ず指名しますから、よろしくお願いします」という話をさせていただきました。動いていたのはスカウトだけではありません。一軍が遠征で名古屋に来た時には原監督も同席して野球部の後援会長など堂上の関係者に挨拶もしています。それくらい巨人は本気だということを示すためですね。そのおかげで堂上サイドからも最後まで「中日でなければ行きません」と言われることもなく、巨人が交渉権を獲得した場合でも入団してもらえるだろうという手応えはありました。堂上のお父さんも中日の良い面も悪い面も分かっているからこそ、あえて地元球団に固執するような思いはなかったのではないでしょうか。しかし、ご存知の通り阪神を含めた3球団競合の末、引き当てたのは中日でした。

外れ1位は坂本にするかそれとも……

外れ1位は光星学院（現・八戸学院光星）の坂本勇人になりました。しかし、すんなりと決まっていたわけではありません。ドラフト当日、会議場となっていたホテルの控え室でもまだ意見は割れていました。坂本の他にもう一名候補に挙がっていたのが埼玉栄の木村文紀（西武外れ1位）でした。木村はピッチャーとしても評判になっていましたが、関東担当で木村を何度も見ていた私は、パワーもあって足、肩もあり、個人的には野手、ショートとして育ててみたら面白いと評価していました。

坂本は春の選抜でも良かったのですが、評価を上げたのはその後の東北大会でした。4試合でホームランを4本打ち、それで一気に巨人の中でも名前が挙がってきました。担当スカウトは大森剛。大森は誰よりも坂本を高く評価していました。ただ、彼は光る選手を見つけ出す職人的なタイプのスカウトで、いわゆる「営業」的な人付き合いというか、人間関係の構築があまり得意なタイプのスカウトではありませんでした。もうひとつ関係者との関係性を築けないでいるということで、同校の金沢成奉監督(現・明秀日立監督)と私が以前からお付き合いがあった関係で、「一度行ってきてほしい」と山下部長に言われて八戸まで行ったこともありました。

私が訪れたのはちょうど春の東北大会が終わった後。夏の大会に向けて追い込んでいる時期で、坂本も相当疲れていたようでした。ショートとしてはスローイングが抜群に良かった一方で、バッティングはスイングに柔らかさはあるもののドアスイング気味になっていて、正直東北大会でそんな凄い記録を作ったようなバッターには見えませんでした。

私が坂本の練習で見たのは結局このときの一回だけ。坂本の状態が落ちていたこともあり木村の方が良く見えました。

球団内の2人の評価も最後まで割れました。大森が最後まで坂本を推したのもありますし「ピッチャーをやっていた木村よりもショートとしてある程度のものが見えている坂本の方が評価しやすい」ということで、最終的に外れ1位は坂本に決まりました。この判断が巨人にとって大正解となったのは言うまでもありません。

3巡目で指名したのは東海大相模の田中大二郎。私の同級生の息子ということもあって早くからよく知っていた選手です。バッティングは柔らかく、選抜ではホームランを2本打ち、ファーストのグラブさばきも柔らかい。1年目はファームで坂本よりも打ちました。当時の巨人はレギュラーが強力でなかなか一軍に定着できませんでしたが、入団する時期が違っていればもっとできた選手だったと思います。

高校生の野手では中日が3巡目で指名した横浜高のキャッチャー、福田永将も印象に残っています。横浜の『緑中央シニア（現・横浜青葉シニア）』でジャイアンツカップでも優勝して、当時から有名なバッターでした。中学時代に私が見に行った試合では3打席連続ホームランを打ち「凄いなぁ」と驚いていると「昨日からこれで5打席連続ホームランですよ」と父兄に知らされてさらに驚きました。当たった時の打球は強烈でしたね。ただ、巻き込んで打つタイプだったのでバッティングに少し脆さもありました。横浜高では肩も痛めてキャッチャーとしては厳しい印象でしたし、ファーストで外国人と果たして勝負できるかというと、そこまでのスケールはないかなという判断でした。

高校生ピッチャーでは楽天が1位で指名した駒大苫小牧の田中将大、広島が1位で指名したPL学園の前田健太の評価が高かったですね。田中は駒大苫小牧に出入りしているスポーツ用品店の方が原監督と懇意にされていて、当然名前も挙がっていました。私が最初に見たのは1年秋の明治神宮大会で、当時の背番号は「2」で、キャッチャーをやりながらピッチャーもやっていました。この頃はまだ「ただキャッチャーがマウンドに上がっているだけ」の印象でしたが、それが翌春、夏とどんどんピッチャーらしくなっていきました。馬力も凄かったですし、打者に向かっていく姿勢も良かったですね。骨格もしっかりしていたことから体もまだ大きくなるだろうと見ていました。

前田は投打共に野球センスの高さを感じる選手でした。個人的には投げるフォームに柔らかさがあったピッチャーの方が良いなと思っていました。そこは木村とは逆の評価ですね。

この年の高校生ドラフトでは野手を狙う戦略でしたから、田中も前田も巡り合わせが悪かったというか、縁がありませんでした。

ソフトバンクに歯が立たなかった大隣の争奪戦

大学・社会人でこの年に圧倒的に評価が高かったのは、ソフトバンクが希望枠で獲得した近畿大の左腕、大隣憲司でした。3年時に大学選手権で大活躍して、もうその時点から希望枠での指名は確実でした。京都学園時代は全く名前を聞いたことはありませんでしたから、大学で大きく伸びたのでしょう。投げ方が西武の黄金時代にリリーフで活躍した杉山賢人と似ていて、ひじの使い方も上手くストレートの質感が抜群でした。部長の山下さんが近畿大の出身でしたから巨人も当然狙っていたと思います。ただソフトバンクがかなり早い段階から動いていたようで、条件も相当に良かったと聞きます。この年の8月にキューバで大学野球の世界選手権があって私も行っていましたが、キューバの地で大隣を諦めることになりました。ソフトバンクスカウトの永山勝さんに「大隣はもう99・9%うちに決まりましたから」と教えられたのです。残りの0・1%は発表していないだけという意味ですね。

大隣がダメになったことで、次に良い大学生ピッチャーとして希望枠で獲ったのが立命館大の金刃憲人でした。金刃はヤクルトも早くから動いていましたが、実は当時のヤクルトのスカウトからは「巨人も大隣は無理なんだから、早く諦めて金刃に動いてくれよ。そうしないと俺たちも次に動けないから」ということを言われていました。この頃は資金力のある球団の希望枠が埋まっていかないことには他の球団が動けないケースも多くありました。ヤクルトとしても後から巨人がやってきたら条件面で太刀打ちできないと分かっていたのでしょう。金刃も1年目は先発で7勝して、その後もリリーフで頑張ってくれました。

ソフトバンクはダイエー時代にも田中総司、山田秋親を逆指名で獲っていて、立命館大とはかなり繋がりが強い球団です。それでも金刃ではなく大隣を優先しているところにも評価の高さがよく表れています。逆指名で2名獲得できる時代だったら大隣も金刃もソフトバンクだったかもしれません。

他の大学生ピッチャーでは東北学院大の岸孝之（西武自由枠／現・楽天）も印象に残っています。最初は高く評価していなかった担当の大森も大学選手権でのピッチングを見て「ひじの使い方も柔らかいしスライダーもいい。これは面白いんじゃないか」という話になりました。ただ動き出したのが遅く、「ここから巻き返すには大森だけではちょっと厳しいから」と山下部長に言われて私も動くことになりました。

その頃、西武の東北担当スカウトの水沢英樹と電話で話したら「もう西武で話がまとまりかけているから動かないでください」と言われました。西武はかなり早くから狙っていて、私から岸に接触があったことも大学側から筒抜けだったのでしょう。それでもこちらとしては動かないわけにはいきません。

もう時効だと思うので話しますが、岸本人のアパートに行こうという話になって、周りの学生にスカウトだと気づかれないよう私は頭をスポーツ刈りにしてジャージを用意して学生の恰好をして東京から行くことにしました。岸のお父さんから大森に断りの連絡があったのは仙台駅に向かう新幹線の中でした。ここまでやったのにという感じですよね（笑）。西武はこの後も東北の大学の選手を多く指名していますから、水沢君は色んなところに深く入り込んでいたのだと思います。

この年で思い出すのはやっぱり日本大の長野久義です。この頃の長野は上位評価ではありませんでしたから我々は4巡目での指名予定でした。ドラフト前にははっきりと本人が巨人希望を表明してくれましたし、日本大の鈴木博識監督も「巨人に行かせる」と言ってくれていましたから、他球団は来ないだろうと。長野は4巡目で指名できると考えていたんですね。ところが4巡目の指名が一番先だった日本ハムに指名されてしまいました。「ぜひ巨人にお願いします！」と言ってくれていた選手でしたから、非常に申し訳ない気持ちになりましたね。結局、長野は日本ハムへの入団を断って社会人に進む道を選びました。2年後の巨人入りを夢見ることになったのですが……。

2007年

3位か4位の評価だった高校時代の菅野智之

怖さもあった甲子園沸かせた豪腕

2007年は3月に西武の裏金事件が発覚しました。その関係で、ドラフトは高校生と大学生・社会人は分かれたままでしたが、『希望枠』という制度がなくなりました。

逆指名も希望枠も巨人が言い出して作ったものですが、それがなくなったから困るという話はこの時に球団内にはなかったと記憶しています。大きかったのはやはり契約金の高騰です。上限が1億円と言っても逆指名の選手は最低ラインがそれで、実際5億、6億みたいなことも平気でありました。昔は一軍で活躍しても数百万円しか年俸が上がらなかったのに、活躍する前から何億円ももらえるのはおかしいだろうという雰囲気は巨人に限らず、プロ野球全体でもあったと思います。こんなことを続けていけば当然球団経営にも響いてきますし、実際2004年には球界再編問題もありました。希望枠がなくなって、ホッとした人も多かったのではないでしょうか。

この年の高校生は仙台育英の佐藤由規（ヤクルト1位）、大阪桐蔭の中田翔（日本ハム1位／現・中日）、成田の唐川侑己（ロッテ1位）が評判でした。佐藤は甲子園で155キロを投げていましたし、同じように甲子園で評価を上げた寺原よりもピッチャーらしいボールだと思っていました。ただ、ヤクルト入団後に故障が多かったように急にボールが速くなったという怖さのあるピッチャーでもありました。

個人的に好みのピッチャーだったのは唐川でした。成田高のグラウンドで東海大相模の菅野智之と投げ合って共に二桁三振を奪った試合は強烈でした。この試合で菅野はほとんどスライダーを振らせて三振だったのに対して、唐川は決め球の大半がストレート。バッターがストレートを待っていてもバットに当たらない。フォームもいい、ピッチャーらしいピッチャーでした。ボールのイメージとしては横浜時代に逆指名で獲った川村丈夫が近いという印象です。ただ以前にも指摘した通り巨人はどうしても目に見えやすいスピードや、高校生なら甲子園、大学生なら東京六大学のような大舞台で活躍したスターを高く評価することが多かったですから、最終的にはそういう声が多くて、佐藤が1位になりました。

中田もピッチャーとして150キロ近いボールを投げ、打つ方でも飛ばすパワーに凄いものがありましたから巨人としても当然高く評価していました。中学時代から「素行面が心配だ」という声が多かったことも確かです。ですから山下部長が中田と同じ広島の出身ということもあって色々と調査をしていましたね。巨人は親会社が新聞社ということもあって、そういうところを気にすることが多くありました。同じく新聞社が親会社の中日も似たところがあるみたいですね。結局中田はプロ入り後、巨人に移籍してその後中日に行くことになるのですから分からないものです。

東海大相模の菅野智之は、まだ先に名前の挙がった3人ほどの評価ではありませんでした。原監督も当然気にかけていて、「智之は1位レベルか？」と聞かれたことがありました。まだまだ体も細かったですし「今は3位か4位くらいだと思います」と正直に話して、「それなら大学に行ってからの方がいいだろう」となり、この年の指名は見送られました。ちなみに菅野本人も高校からプロ入りということは考えていなかったようです。伯父である原監督が大学を経由してプロ入りしていたことも大きかったと思います。

菅野は東海大に進んでから体も大きくなって順調に成長し、ドラフト1位にふさわしい選手になっていました。菅野のドラフトについては改めて触れることにします。

この年の高校生ドラフトで1位指名された選手で、大学生・社会人と一緒のドラフトでも間違いなく1位だったのは佐藤、唐川、中田の3人だけ。それくらい頭一つ抜けていましたから西武を除く全球団（西武は裏金問題のペナルティで1巡目指名に参加できず）の指名が3人に集中したのも納得でした。彼等を外した球団の外れ1位で頑張ったのが、巨人が指名した熊本工の内野手・藤村大介とソフトバンクが指名した市立船橋の大型右腕・岩嵜翔（現・中日）でした。

藤村は、「中途半端にバランスのとれている選手よりも何か一つが突き抜けているスペシャリストを獲ってほしい」という清武さんのリクエストがあり、抜群の俊足が武器だったことから指名されました。個人的にも甲子園で見た、内野ゴロでサードからホームインしたプレーのスタートが凄く印象に残っていて、ただ足が速いだけでなく判断も優れた好選手だと見ていました。活躍した期間は短かったものの、盗塁王も獲りましたし、期待に応えてくれました。

岩嵜はプロに入ってから驚くほどスピードも出るようになり、リリーフで成功しました。私の担当選手でしたから何度も見ていたピッチャーです。ただ、高く評価するのは怖かった印象があります。桐蔭学園との練習試合を見た時はボールがかなりばらついていて、これはイップスじゃないかと思いましたし、その後も一度サイドスローにするなどしてフォームもよく変わっていました。チームメイトにはオリックスが4巡目で指名した山崎正貴というピッチャーもいて、個人的には山崎の方がフォームが良くて武器になるスライダーもあったので楽しみだと思っていたくらいでした。プロで山崎よりも岩嵜の方が活躍できたのは体格的なスケールがあったからかもしれませんね。

欲しかった千葉経大付の丸佳浩

高校生野手で個人的に欲しかったのが千葉経大付の丸佳浩（広島3巡目）です。きれいにヘッドが抜けて引っ張れる、あのバッティングが好きでした。ピッチャーとしては股関節が硬いのは気になりましたが、テイクバックの小さい投げ方で、フィールディングの動きも悪くなく、内野もできるのではないかなと思いました。広島スカウトの苑田聡彦さんが熱心に見られていて、私が評価しているのも当然知っていたはずです。プロで丸が活躍した後、苑田さんが「高校時代の丸を高く評価していたのはワシと巨人の長谷川くらいだった」と話してくれていた記事を見たときは、業界の大先輩に褒められているようで嬉しかったですね。

高校生の3巡目で指名したのが宇治山田商の中井大介です。中井も丸と同じで打者として評価していました。中田のようなパワーはない代わりに、飛ばす〝ツボ〟を持っているという印象でした。体幹の強さもあって、上手く成長していけば長距離バッターになれるかもしれないという期待がありました。プロではレギュラーにはなれませんでしたが、長くくらいついて最後は横浜でも頑張りました。

大学生・社会人ドラフトでは東洋大の大場翔太を1位指名しました。正直、私はそこまで高く評価していませんでした。踏み出した左足が突っ張るというか、ブレーキをかけているような投げ方で、スピードガンほど打者の手元で来ている感じがしない。プロではちょっと厳しいのではないかという見立てです。ではなぜ大場を1位で指名したのか？　巨人はこの頃、スカウト以外にスコアラーも試合視察を行っており、4年生の時に結果を残したこともあって「データ的に大場は優れている」となり、評価が高くなっていたのです。データも大事ではありますがそれだけで良い選手が獲れるのであればスカウトは苦労しません。データでは分からない部分も加味して評価するのがスカウトの仕事だと私は思います。いささか結果論ではありますが。

森中と重なって見えた5球団競合左腕

楽天に入団した愛知工業大の長谷部康平も5球団が1位指名して人気になりました。当時、野球日本代表の星野仙一監督が大学生なのに代表に呼んで話題になりました。ですが長谷部もまたちょっと怖いという印象がありました。それは横浜時代に逆指名で獲った森中と重なって見えたからです。森中はアマチュア時代に武器にしていたボールゾーンの変化球をプロのバッターに振ってもらえずに苦しんだという話は前章の中でしましたが、長谷部にも同じ印象を受けました。スピードもそれなりにありましたしスライダーにも良いものがありました。ですがボール球が多く、プロの世界でストライクゾーンで勝負できるかは疑問でした。

大場を外した巨人は、左ピッチャーで上背もあり、体ができてくれば面白いという評価で日本大の篠田純平（広島1位）を指名したもののこれも外しました。最終的に外れの外れで1位になったのが大阪体育大の村田透でした。大学選手権で優勝した時に活躍していて、良いボールも投げていたピッチャーです。ですが、分離ドラフトでなければ3位から4位の評価だったと思います。村田は巨人では実績を残せずアメリカへ渡り、その後に入った日本ハムで存在感を示しました。退団後は再び海外へ行き、去年はチェコでプレーしていたようですね。

大学生のピッチャーでは日本ハムが3巡目で指名した関西学院大の宮西尚生が今でも活躍しています。リーグ戦で見た時の印象は「前年の大隣や金刃に比べるとだいぶ落ちるな」でした。ボールのキレはありましたが、そこまで力も感じませんでした。プロに入ってひじを少し下げたのが上手くはまりましたね。早い段階から思い切ってフォームを変えたのが良かったのかもしれません。

大学生の野手では國學院大の聖澤諒（楽天4巡目）がプロに入ってから盗塁王を獲得するなど活躍しました。「大学生レベルではいい選手」でしたが、あそこまでスピードがあるというのは分かりませんでした。この頃の楽天は球団ができて3年目ということで選手層も薄かったですし、そういうチーム事情だから試合でも使ってもらえたというのは大きかったのではないでしょうか。巨人に来ていたら同じように活躍するのは難しかったかもしれません。巨人はリストアップしていませんでした。

この年のオフには中日の福留孝介がFAでメジャーのカブスに移籍しています。この時、巨人が福留獲得に動いたという報道は出ていなかったと思いますが、実際は打診していたようです。

力のある選手を獲得できるチャンスがあればとりあえず動くということがここでも徹底されていました。そのポジションに誰がいるとか、ドラフトでも同じポジションの選手を獲るということは関係ありません。これは今も変わっていません。

余談ですが、2024年シーズンオフにも実際、FA権を取得したキャッチャーの大城卓三を引き留めておきながら、同じキャッチャーの甲斐拓也をソフトバンクから獲得しましたね。結果として阪神に残ったとはいえ大山悠輔の獲得にも動いていました。誰かが活躍してチームが勝てば良いという考え方です。常勝を求められる球団としては仕方ない部分はあるのかもしれません。ですが、アマチュアの選手を「預からせてください」と言う立場のスカウトとしては辛いところです。

写真:産経新聞社

2007大学生・社会人ドラフト会議、巨人が指名した東洋大・大場翔太には6球団が競合

2008年

2人欲しかった大田と長野

能力の高さに驚かされた中学時代の大田

この年から高校生と大学生・社会人も一緒になり、逆指名もない統一ドラフトとなりました。やっと本来あるべき形に戻りましたし、そう感じていたスカウトも多かったことでしょう。逆指名の撤廃はもちろんですし、入団してから一緒の土俵でやるのに高校生の1位、大学生・社会人の1位みたいに分けるのはおかしな話です。個人的には昔やっていたように、1位だけではなく2位以降も全部一斉に入札して重なったらくじ引きを繰り返すやり方が良いと思っています。その方がどの球団が誰を高く評価していたかということが分かりやすくて明確。実は次に誰を狙っていたみたいな話もなくなって、スッキリするのではないでしょうか。

この年は2年前に巨人入りを熱望しながらホンダに進んだ長野久義を高く評価していまし

た。しかし苦渋の決断の末に最終的に1位指名したのは東海大相模の大田泰示でした。これには私も深くかかわりました。そもそもの始まりは原さんが監督から離れていた時期、広島で野球教室をした時に遡ります。

「凄い中学生がいるから見に行った方がいいんじゃないか?」と原さんから言われ、実際に練習を見に行くことになったのです。『松永ヤンキース』という軟式のクラブチームが練習するそれなりに広いグラウンドで、ホームランをぽんぽん放り込んでいる選手がいました。それが大田でした。体が大きく、投げるボールには強さがあって、おまけに足も速い。中学生の中に1人だけ高校生が入っているように見えました。すぐに原さんに報告を入れましたし、原さんを通じて東海大相模の門馬敬治監督(現・創志学園監督)にも話は行っていたと思います(ちなみに門馬君は私の高校、大学の後輩にあたります)。

そんな繋がりから、大田は翌春に東海大相模に入学することになったのです。

失敗に終わった大田、長野のW獲り

大田の高校時代で印象に残っているのは宮崎商から1位でヤクルトに指名された赤川克紀と対戦した練習試合です。フルカウントから何球も粘って、東海大相模のグラウンドのバックスクリーンの後ろにあった寮を越えていくホームランを打ちました。長年色んな選手を見てきましたが、あそこまで飛ばしたのは大田だけです。このホームランを一緒に見ていた広島スカウトの苑田さんは門馬君に「プロに行くと言うなら広島は今この場で1位に決めるよ」と伝えるほどでした。門馬君の下で順調に成長した大田は1位でなければ獲れない選手になりました。

長野も社会人で活躍して、もはや上位でなければ獲れない選手に成長していましたから頭を悩ませることになりました。大田と長野、どうにか2人獲れないものか……。

最終的にはこう考えました。長野は一度指名を拒否しているわけですから、他球団からするとまた拒否されるリスクがあるために貴重な1位を使ってまで指名はしないだろう。一方で大田は2位では絶対に獲れない。そこで大田を1位、長野は2位。大田が抽選になって外した場合は長野を繰り上げて1位指名するという戦略になりました

大田には複数球団からの1位指名の可能性がありましたから、当初は東海大への進学希望を表明させたり、プロ志望届もギリギリまで出させなかったりと、できる限りの対策を講じて他球団に「大田はプロには行かないぞ」と匂わせました。その影響かは分かりませんがドラフト

直前になって熱心だった中日が降りました。

ところが最後まで降りなかったのがソフトバンクでした。「重複指名があるとすればソフトバンクしかないだろう」という思いもあったとはいえ、この指名には正直驚きました。というのも、大田の両親に会いに頻繁に広島まで行ってコミュニケーションを取っていましたし、松永ヤンキースの監督ともやりとりをしていました。門馬君は高校、大学の後輩ですから当然連携も密でした。親御さん、中学の監督、高校の監督とこれだけやりとりをしていても「ソフトバンクが来ている」という情報が掴めなかったからです。ソフトバンクとしても勝算がなければ指名はしてこないはずですから、それを考えると我々と全く別のルートから大田の関係者に接触して「ソフトバンクなら入団してもらえる」という良い感触を得ていたのかもしれません。もしかしたら、王会長も動いていたのかもしれませんね。

ソフトバンクの指名に驚きつつも、抽選で原監督が見事に引き当てて大田を無事に獲ることができました。巨人は坂本がショートに定着していましたから、大田がサードに入って坂本と三遊間を長く組んでくれたら、そんな構想を描いていました。

ドラフトが終わった後、しばらくしてから夜中に清武さんから電話がかかってきたことがありました。何ごとか慌てて出ると、「松井秀喜からも了解を得て背番号は55に決まったから、大田の両親や関係者にも伝えてほしい」ということでした。まさかそんな電話が夜中にかかってくるとは思っていなかったので、びっくりしました（笑）。それだけ清武さんも、球団としても期待が大きかったことは間違いありません。私も担当した選手にはピッチャーなら一軍で初勝利、野手なら初ヒットを打ったら「連絡をくれよ」ということをいつも話していましたが、大田には「初ヒットでの連絡はいらないから初ホームランを打ったら連絡してくれよ」と言ったほどでした。

大田は期待に応えるように、1年目から打率こそ低かったですが二軍でホームランを17本打ちました。高卒でいきなりここまで打てる選手はそうはいません。ただファームで結果を出して一軍に上がっても、当時の一軍首脳陣が求める打ち方と自分の打ち方が合わず、フォームを崩したということがあったようです。3年目までは一軍で僅かに35打席しか立つことができず、プロ初ホームランは4年目でした。連絡をもらった時は「ずいぶん長く時間がかかったなぁ」というのが正直な気持ちでした。結局巨人に在籍した8年間で放ったホームランは9本だけ。あれだけのポテンシャルがある選手でもプロで活躍することは簡単ではない。そんなことを改めて思いました。性格も真面目でしたから、多くの人から色んなアドバイスを受けて「バッティングが分からなくなっている」とも言っていました。もう少し上手く聞き流せるような、良い意味でいい加減な部分があったら、また違った結果になっていたかもしれません。

２０１７年に日本ハムにトレードで移籍した大田は、新天地でレギュラーの座を掴みました。広い札幌ドームを本拠地にしながら4年連続二桁ホームランを記録するなど、ようやく本来持っている力を発揮してくれました。日本ハムで活躍してくれた時は本当に嬉しかったですね。これは大田に限ったことではなく、他球団に移籍しても担当した選手が結果を残すのは喜ばしいことです。他のスカウトも皆そうだと思います。

「1位ではいけないけど、2位では指名するから」という話を事前に知らされた長野の反応は、「えぇ……」というものでした。社会人で結果も出していましたから当然です。私も心苦しく思いながら伝えました。

2年待ったのに1位ではない──。

このとき「分かりました」という明確な返答はありませんでしたから、長野も相当ショックだったと思います。私は長野の妹さんにも連絡をとりながら、どうか2位での指名になってしまうことを理解してもらえるよう、本人への説得をお願いしました。

阪神が「巨人が1位で長野を獲らないなら2位でいく」みたいな報道もありました。他球団からすれば、本来1位の選手2人を巨人に獲られてなるものかという思いもあったと思います。私も横浜時代に同じような考えでしたから気持ちはよく分かります。ところが、2位で指名したのは阪神ではなくロッテでした。断られるリスクはあるけれど、一度拒否して年齢も重ねているわけですから、説得できるのではないかという思惑もあったのだと思います。実際、長野の家庭の事情もあって、一時はロッテ入団に傾きかけているという話もありました。しかし、最終的には断ってもう1年ホンダに残る道を選んでくれました。こちらとしては二度目も獲れなくて本当に申し訳ないという気持ちでいっぱいでした。

私と山下部長はロッテへの入団拒否が正式に決まった後、福岡県久留米市にある長野の実家を訪れ指名できなかったことをお詫びしました。2年前に続いて二度目の謝罪でしたから、お父様も大変怒っておられました。当たり前です。

来年、長野を確実に指名するためにはどうするべきか？　三度目の獲り逃しは許されない。そんなプレッシャーが私の肩に重くのしかかっていました。

プロで大化けした西、浅村、摂津

この年は新日本石油ＥＮＥＯＳ（現・ＥＮＥＯＳ）の田澤純一が日本の球団からの指名を断ってアメリカに行くということを表明して話題となりました。田澤は横浜商大高の出身ですから当然早くから知っている選手ですし、原監督と親しい同高出身の方がいて、その繋がりもあったため「巨人でも獲れないか？」という話になっていました。ですが、色々調べていても本人の意思も固く、獲得は難しいという判断で強行指名することはありませんでした。ただ個人的にはちょっとフォームが硬いし、球種も少ないのでプロで先発は厳しいだろうという印象を持っていました。もし日本のプロを希望していても外れ1位くらいの評価だったのではないかと思います。

高校生の投手では菰野の西勇輝（現・阪神）がオリックスから3位で指名され、後にエース級の投手になりました。高校時代は柔らかさはありながらも躍動感があまりないというか、腕の振りに鋭さが感じられなかったピッチャーでした。ただプロに入ってからシュートを覚えたのが大きかったですね。現代のプロ野球でシュートを投げるピッチャーはあまりいませんから、それを使えるようになったことでスライダーも生きるようになりました。あとはコントロールもプロのストライクゾーンに対応できたことも大きいと思います。

高校生の野手では西武が3位で指名した大阪桐蔭の浅村栄斗（現・楽天）がプロ入り後に活躍しています。クロスチェックで見に行った大阪大会では、ショートのスローイングが少し不安定な印象がありました。イップスとまではいかないまでも、ビシっといいボールが来ていませんでした。バッティングに良いものがあったとはいえ、当時はまだ体も細かったですし、高校時代の大田が世界チャンピオンだとしたら浅村は四回戦ボーイくらいの差があったと思います。それがプロに進んでから体が大きくなって、あんなパワーヒッターになるとは驚きました。

社会人ではソフトバンクが5位で指名したJR東日本東北の摂津正が即戦力として、チームの中心選手になりました。高校から社会人に進んで26歳になる年に指名されているので8年社会人でプレーしたことになります。こういうケースは珍しいので巨人はマークしていませんでしたが、ドラフト間近になってどこかの球団が狙っているという噂を聞いたみたいで慌ててリストに入れていました。社会人の選手は1球団だけが狙って指名するケースも多いのです。摂津も、まさかあそこまでのピッチャーになるとは思いませんでしたし、これに関してはソフトバンクの会心の指名でしたね。

写真:産経新聞社

ロッテから2巡目で指名され、長野の巨人入りはこの年も叶わなず

2009年

三度目の正直で長野を獲得

プロで長野が成功した理由

年初の時点から議論するまでもなく、1位はホンダの長野久義を指名するという方針で決まりました。2月に正式に表明もしています。本来なら前年に指名する予定だったところをもう1年待たせてしまいましたから、これはもう当然でした。

早く公言することは相手に誠意を伝えられる一方でリスクを伴う点もありました。過去に私とドラフト同期で大洋が3位で指名した関東学院六浦（神奈川）の蒲谷和茂という選手がいました。蒲谷はその指名を拒否して東芝に進むのですが、このとき「将来西武が指名するから」という約束を根本陸夫さんがしていたそうです。しかし蒲谷はその後、社会人で交通事故を起こして大怪我を負い、とても元のようなプレーができない状態になってしまうのです。それでも西武は1991年のドラフトで指名しました。このあたりが根本さんの凄いところです。もし指名しなければアマチュア球界から信用されなくなるとよく分かっていたのでしょう。なかなかできることではありません。この話を私も知っていましたから、長野に関してもそういうリスクは当然あると会議でも話しました。

この年はそこまで熱心に長野を狙おうという球団はなかったと思います。それでも前年も直前でロッテに指名されているわけですから最後まで安心はできませんでした。私も何かあるたびにホンダに顔を出して長野の状態を確認していましたし、東海大の1学年後輩にあたる安藤強監督とも連絡をとって色々とやりとりをしていました。単独で1位指名できた時は本当に肩の荷が下りて、ほっとしたことを覚えています。長野の実家、久留米のご両親にもようやく指名のご挨拶をさせていただくことができました。

長野にとっても一度ならず二度までも巨人を希望しながら他球団に指名され、気持ちを維持するのが難しいところもあったはずです。それでも社会人3年目のこの年も怪我することなくしっかり成績を残し、プロでも1年目からレギュラーとして活躍してくれました。長野は大田と正反対で、周囲のアドバイスや指導をいい意味で聞き流せる図太さを持っていました。入団当初にあった「ホームベースから離れて構えすぎじゃないか？」という指摘にも耳を傾けませんでした。社会人で3年間結果を残してきた自負もあったのだと思います。長野は私にもはっきりと「何を言われても右耳から左耳にスルーしています」と言っていました。またある年のキャンプを見に行った時には1・5キロのマスコットバットを使って打撃練習をしていたことがありました。他の選手は大体1キロくらいのものを使っていますから相当に重い。そのバットを使って黙々と練習している姿を見て「やることはしっかりやっているんだな」と感心しました。この時も周りからは「もっとウエイトトレーニングした方がいいんじゃないか」と言われていましたから。そういう強さと自信があったからプロで長く活躍できているのかもしれませんね。人望も厚い男です。一度は人的補償で広島に移籍しながらも、再び巨人に戻ってくることができたのもそういった人間性ゆえなのかもしれません。

1位評価していた菊池雄星

1位で長野が決まっていたため、2位以降の指名をどうするかがこの年のドラフトの議論のスタートになりました。現場からは正捕手の阿部慎之助も二番手キャッチャーの鶴岡一成も30歳を超えていたので、三番手としてすぐ一軍のベンチに入れるキャッチャーが欲しいと要望がありました。そこで4位で指名したのが鷺宮製作所の市川友也です。東海大の出身で、当時の鷺宮製作所の松元孝博監督も東海大OBでしたから「必ず指名するのであまり他球団にプレーでアピールしないでほしい」とも伝えていました（笑）。巨人では出番が少なかったですが、日本ハム、ソフトバンクでも頑張ってくれましたね。

すぐに使えるであろう市川を4位で押えておく一方で、若いキャッチャー、将来の正捕手候補も必要な状況でした。そこで2位で指名したのが近大高専の鬼屋敷正人です。とにかく肩が強くて、バッティングも面白いという評判でした。高校生の右バッターで力のある選手はどうしても引っ張る打球が多くなるものですが、鬼屋敷はセンターや右中間方向に大きい打球をよく放っていました。ただ後に思ったのは、当時の近大高専はそこまで強いチームではなく、力のあるピッチャーとの対戦が少なかったからそういう打撃ができていたのかなということでした。プロではなかなか自分の思うようなスイングができませんでした。

この年、育成3位で指名した金光大阪の陽川尚将は入団せずに東京農業大に進学することになりました。何かトラブルがあったわけではありません。単純な担当スカウトの調査不足が原因でした。担当からは「育成でも入団すると言っている」と聞いていましたが、いざ指名してみたら「支配下でなければ進学する」という話でした。陽川は大学でしっかり力をつけて4年後に阪神が3位で指名しています。狙いどころとしては良かったのですが。

中日も6位で指名したホンダの諏訪部貴大に入団を拒否されています。私は長野を定期的にチェックする必要があった関係でホンダの試合や練習を見に行っていましたから、諏訪部のピッチングも何度も見ていました。正直ボールの質もあまり良いと思いませんでしたし、体型や動きも言い方は悪いですが少しお相撲さん型でキレがなく、この年はリストアップもしていませんでした。6位で名前が挙がった時には驚きました。後で聞いた話では当時の落合博満監督の個人的な繋がりから「獲ってくれ」という話になったようですね。これも調査が上手くいっていなかったからではないでしょうか。

この年の高校生投手では花巻東の菊池雄星（西武1位／現・エンゼルス）が一番の評価でした。試合前の柔軟体操を見てもきれいな股割りをしていましたし、実際にマウンドに上がるとピッチャーらしいボールがビューンと来る。高校生でこれだけのスピードがあってコントロールも安定している左ピッチャーはそうそういないという印象を受けました。ただ、この年の巨人の1位は絶対に長野でいくということを決めていましたから、早々に縁がないだろうと諦めていました。もし菊池が「巨人しか行きません」と言って、清武さんや原監督から「長野は2位でお願いして来い」と言われたらどうしていたでしょうか？　さすがに「勘弁してください。3回はダメです！」と言っていたでしょうね（笑）。ただ、もしも前年に長野が獲れていたら、この年の1位は菊池を間違いなく推していました。毎年出てくるようなレベルのピッチャーではありませんでしたから。

1位指名に驚いた3選手

高校生の野手では横浜高の筒香嘉智が地元の横浜に1位で指名されました。私はそこまで高く評価していませんでした。サードの守りを見ても動きが良くなかったですし、凄いホームランを打っていたバッティングでも、バットが一度外に出てから引くような形でしたから、木製バットで同じように打てるのかは疑問が残ったのです。横浜も地元の選手だからということも大きかったのではないでしょうか。セ・リーグの球団がいきなり1位で指名するのは難しい選手だったと思います。

ソフトバンクが1位で指名した明豊の今宮健太も名前が呼ばれた時は驚きました。初めて見たのは明治神宮大会に出てきた1年生の秋で、そのときはピッチャーをやりながら1番を打っていました。スピードもそこまであるわけではなく体も大きくない。正直、強い印象は残っていませんでした。それが3年生になって出場した夏の甲子園で150キロ以上のスピードが出て話題となりました。それでも私には「肩の強い野手が投げている」というふうに見えて、プロでピッチャーをするイメージが浮かびませんでした。バッターとしてもそこまで力があるようには思えませんでした。ソフトバンクは地元・九州の選手ということでよく見ていたのだと思いますし、最初からショートで育てようというビジョンが明確だったのが良かったのかもしれません。

下位で指名された高校生では西条高の秋山拓巳（阪神4位）がいました。プロでは完全にコントロールで勝負するタイプになりましたが、高校時代は体の力もあってスピードも結構出ていました。元々はバッターとしても凄く長打力があるということで話題になっていた選手です。そこまでスピードがなくても体格があって、コントロールがしっかりしていればある程度プロでもできるというケースととらえています。

社会人の野手ではロッテが1位指名したトヨタ自動車の荻野貴司にも驚きました。個人的には「まさかの1位！」でしたね。長野のように長打が期待できるタイプではありませんから、なかなかこういう社会人選手を1位で指名するのは勇気が必要です。ロッテとしては、外野で即戦力として一番使えるのが荻野という判断だったのでしょう。実際に1年目はレギュラーで開幕を迎え、ケガで離脱するまでよく打ちましたし盗塁も重ねていて凄いと思いました。その後度重なるケガを乗り越えて、今やロッテの顔になりました。息の長い選手ですね。

中日が5位で指名した日本生命の大島洋平も駒澤大の時からよく見ていました。ミートも上手くて、常にボールを体の前でとらえて広角にきれいに打てる、イチローに近いバッティングという印象がありました。ただ巨人としては1位で社会人外野手の長野を獲っているわけですから、もう1人社会人の外野手を獲ろうという話にはなりませんでした。中日は前年にも1位で日本通運の外野手、野本圭を獲っているのにまた大島を指名したというのは、それだけ高く評価していたということでしょう。

下位指名の社会人選手では東芝の増井浩俊（日本ハム5位）も早くから中継ぎで一軍に定着しました。やはり駒澤大の時からよく知っていましたし、いいピッチャーだという認識はありました。ストレートもある程度スピードがあって、小さく変化するスライダーも武器になりましたね。気になったのは一本調子で緩急の使い方があまり上手くないところと、あとはとにかく体が細かったこと。大学卒の社会人の体には見えなくて「この体で、プロで果たして1年間できるかな？」という疑問が残りました。しかしプロでは長くリリーフで活躍しました。私の想像以上に体力があったということですね。

写真:産経新聞社

念願だった巨人への入団がようやく叶い、笑顔を見せた長野

読売ジャイアンツ時代＜前期＞に指名された選手

2003年			
自由獲得枠	内海哲也	投手	東京ガス
2巡	西村健太朗	投手	広陵
4巡	平岡政樹	投手	徳島商
5巡	岩舘学	内野手	東洋大
6巡	山本賢寿	投手	帝京大
7巡	佐藤弘祐	捕手	東北
8巡	南和彰	投手	福井工大

2004年			
自由獲得枠	野間口貴彦	投手	シダックス
自由獲得枠	三木均	投手	八戸大
4巡	亀井義行	外野手	中大
5巡	木村正太	投手	一関一
6巡	星孝典	捕手	東北学院大
7巡	東野峻	投手	鉾田一

2005年			
高校生ドラフト			
1巡	辻内崇伸	投手	大阪桐蔭
3巡	加登脇卓真	投手	北照
4巡	福井優也	投手	済美
大学・社会人ドラフト			
希望枠	福田聡志	投手	東北福祉大
3巡	栂野雅史	投手	新日本石油
4巡	越智大祐	投手	早大
5巡	脇谷亮太	内野手	NTT西日本
6巡	深田拓也	投手	中京大
7巡	会田有志	投手	中大
8巡	梅田浩	外野手	創価大
育成ドラフト			
1巡	山口鉄也	投手	横浜商高卒

2006年			
高校生ドラフト			
1巡	坂本勇人	内野手	光星学院
3巡	田中大二郎	内野手	東海大相模
4巡	伊集院峰弘	捕手	鹿児島実
大学・社会人ドラフト			
希望枠	金刃憲人	投手	立命大
3巡	上野貴久	投手	NTT東日本
4巡	円谷英俊	内野手	青学大
5巡	深沢和帆	投手	四国L香川
6巡	寺内崇幸	内野手	JR東日本
7巡	深町亮介	投手	中京大
育成ドラフト			
1巡	鈴木誠	投手	JR東日本
2巡	下山学	外野手	青森大
3巡	松本哲也	外野手	専修大
4巡	隠善智也	外野手	広島国際学院大
5巡	芦沢明	内野手	前シダックス
6巡	作田啓一	外野手	苫小牧駒澤大
7巡	大抜亮祐	投手	中京高

2007年			
高校生ドラフト			
1巡	藤村大介	内野手	熊本工
3巡	中井大介	外野手	宇治山田商
4巡	竹嶋祐貴	投手	滑川
大学・社会人ドラフト			
1巡	村田透	投手	大体大
3巡	古川祐樹	投手	明大
4巡	加治前竜一	外野手	東海大
育成ドラフト			
1巡	籾山幸徳	内野手	立命館大
2巡	西村優希	投手	遠軽高
3巡	谷内田敦士	捕手	北照高

読売ジャイアンツ時代＜前期＞に指名された選手

	2008年		
1位	大田泰示	内野手	東海大相模
2位	宮本武文	投手	倉敷
3位	齋藤圭祐	投手	千葉経大付
4位	橋本到	外野手	仙台育英
5位	笠原将生	投手	福岡工大城東
6位	仲沢広基	内野手	国際武道大
	育成ドラフト		
1位	杉山晃紀	投手	綾部高
2位	尾藤竜一	投手	岐阜城北高卒
3位	山本和作	内野手	大阪経済大
4位	福元淳史	内野手	NOMOベースボールクラブ

	2009年		
1位	長野久義	外野手	ホンダ
2位	鬼屋敷正人	捕手	近大高専
3位	土本恭平	投手	JR東海
4位	市川友也	捕手	鷺宮製作所
5位	小野淳平	投手	日本文理大
	育成ドラフト		
1位	星野真澄	投手	信濃グランセローズ
2位	河野元貴	捕手	九州国際大付高
3位	陽川尚将	内野手	金光大阪高
4位	大立恭平	投手	岡山商科大
5位	神田直輝	投手	群馬大教育学部

第三章
読売ジャイアンツ時代＜中期＞

2010年-2015年

2010年

大石、斎藤よりも評価していた澤村

幸運だった澤村の単独指名

　前年までセ・リーグを三連覇していた巨人でしたが、この年は3位に終わりました。投手陣は前年に二桁勝利していた高橋尚成がメジャーへ移籍し、グライシンガーは故障で0勝。先発はゴンザレスと内海、東野くらいしかいませんでしたし、大田、長野と2年連続で野手を1位で指名していることもあって、この年はピッチャー中心のドラフトでいくという方針でした。

　この年の大学生は早稲田大の斎藤佑樹（日本ハム1位）が早くから評判になっていた、いわゆる『ハンカチ世代』で、他にも力のあるピッチャーが多くいました。巨人はスター性のある選手が欲しいというのが伝統的にありますから、清武さんも当初は「斎藤はどうだ？」ということを会議でよく言っていました。ただスカウトの中での評価は高くなく、私たちスカウトからの評価を聞くたびに「佑ちゃんダメなの？」と少し残念そうな顔をしていました。

そんな中で最終的に1位指名したのが中央大の澤村拓一でした。3年生まではストレートの速さが売りのピッチャーで、それが4年生になってからコントロールと変化球もかなり良くなっていましたから、山下部長とも「今年は澤村が一番じゃないですかね」と話していました。ですが澤村も巨人を希望してくれていて「巨人以外は行かない」みたいな噂も出ていました。ですが巨人として何か特別に動いていたわけではありません。巨人と中央大は以前から繋がりが強くて、阿部慎之助なども逆指名で獲っていたことからそういう噂が流れただけだと思います。澤村を1位でいこうという方針を決めたのもドラフトがかなり近くなってからでしたし、ドラフト当日まで中日が来そうでしたから抽選になることも覚悟していたくらいでした。結果として単独指名することができたのは幸運でした。

2位では高校生ピッチャーでナンバーワンの評価をしていた糸満高の宮國椋丞を指名しました。体はまだ細かったですが、ピッチャーらしいピッチャーで体ができれば将来戦力になると見込んでいました。もし澤村が抽選になって外していたら宮國を繰り上げて1位指名していたかもしれません。それくらいの評価をしていましたし、実際2年目には初完投・初完封勝利、3年目は開幕投手を務めるなど早くに頭角を現してくれました。その後は怪我もあって苦しみ、2021年からDeNAに移籍しました。

この年、6球団が競合して一番人気になったのは、個人的には「ちょっと怖いな」という評価だった早稲田大の大石達也(西武1位)でした。テイクバックで腕が極端に背中に入るフォームが私はどうしても気になりました。確かに良い時のボールは素晴らしいものがありましたから、巨人の中でも大石を推す声もありました。それでもやっぱり「0か100」というタイプでしたし、0も大いにあり得るなと思って見ていました。フォームのことを考えても澤村の方が安心感がありましたね。

最初に名前を挙げた斎藤は澤村や大石に比べるとだいぶ落ちるというのが巨人スカウトの共通した見解だったと思います。もちろん色んな意見もあって『斎藤佑樹』という商品ブランドがあるので、巨人にとっては獲得することが決してマイナスにはならないでしょ?」という声もありました。それでも単純にピッチャーとしての実力を評価すると「いきなり1位はどうかな……」というレベルだったと思います。ストレートにまずそこまで力がない。フォームも下半身が硬い。縦の変化球を上手く使いながら何とか試合を作るというタイプですが、その変化球もプロに入ったら振ってくれないだろうなと危惧していました。厳しい言い方をすると高校時代も良かったのは3年夏だけでしたし、その前の明治神宮大会や選抜ではスカウトの間でも全く話題になっていませんでした（横浜高の小倉部長だけが、夏の大会が始まる前に「早実は夏強いぞ。斎藤がいい」と言っていました）。プロでも最初はそれなりに一軍で投げましたが、やはり厳しい結果に終わりました。

大学生のピッチャーでは佛教大の大野雄大を中日が1位指名して後にエースになりました。大学に入ってボールが強くなって、左ピッチャーということで評価していた球団も多かったと思います。ただ肩を怪我していて4年生の時は試合で投げることができなかったので、中日の1位は思い切った指名だなと思いました。ひょっとしたら中日が怪我をしているという嘘の情報を流して単独指名を狙っていたのかもしれません。どちらにしても勇気のある指名だったことは確かです。中日のスカウト部長だった中田宗男さんにお会いする機会があったら、本当のところを一度聞いてみたいですね（笑）。

プロで驚きの成長を見せた柳田、秋山、山田

大学生の野手ではソフトバンクが2位で指名した広島経済大の柳田悠岐がプロ入り後に大活躍しています。広島から東海大相模に進学してきた選手がいて、柳田の家がその選手の近所だったことから、たまたま見たことがありました。まだ背も大きくなくて体も細かったことを覚え

ています。その時と比べて大学生の柳田はかなり体が大きくなっていて驚きました。広島経済大の龍憲一監督が以前に広島でスカウトをされていたこともあって面識がありましたから練習も見に行きました。バッティング練習では確かに柵越えを連発して飛ばす力はあるなということは思いましたね。ただ私たちが視察に来るから良いところを見せようと思ってなのか、打ちやすいマシンのカーブばかり打っていたので、「試合でこのバッティングができるのかな?」という疑問はありました。実際、大学選手権に出てきてもレベルの高いピッチャーと対戦した時はなかなか打てませんでした。ソフトバンクは王会長が「飛ばせる選手を獲りたい」と言っていたそうですが、それでも2位で指名するのは勇気がいったのではないでしょうか。

同じ大学生の外野手では西武が3位で指名した八戸大(現・八戸学院大)の秋山翔吾(現・広島)もあそこまでの選手になるとは想像していませんでした。横浜創学館の出身ですから高校、大学ともちろん何度も見ていました。すごく一生懸命練習するという話は聞いていましたし、大学生レベルでは確かに良い選手。しかし、プロに入って何か突出した武器があるのかという疑問が残りました。

高校生の野手では履正社の山田哲人(ヤクルト1位)が関西では評判になっていましたから、大阪の豊中ローズ球場まで見に行きました。ショートとしての動きは悪くありませんでしたが、体も大きくなかったですし、私にはチャンスメーカータイプに見えました。ですから二度抽選を外していたとはいえ、ヤクルトも中日の大野の指名と同じ感想を持ちました。正直プロであそこまでホームラン、長打を打てる選手になれるとは思いませんでした。

個人的に高校生の野手で山田よりも良いと思っていたのは日本ハムが2位で指名した智弁和歌山の西川遥輝（現・ヤクルト）の方でした。タイミングのとり方やバットを振り出す鋭さを見て、高校生のバッターでは別格。おまけに足も速いし走塁のセンスも良い。一緒に見ていた関西担当スカウトの渡辺政仁に「なべちゃん、このレベルの高校生はなかなかいないと思うから推した方がいいぞ」と言ったのを覚えています。そんな印象でしたから、日本ハムが2位で指名した時も驚きませんでしたし、上位指名で妥当だと思いました。

オリックスが2位で指名した修徳の三ツ俣大樹も評価していた選手でした。ショートをやりながらピッチャーもやっていて、3年生の時は東東京大会の決勝戦まで勝ち上がっています。体つきもしっかりしていてピッチャーとしてもセンスがある選手でしたが、私はプロで勝負するなら広角に打つことができる野手の方だと思って見ていました。プロでは内野の色んなポジションを守れるユーティリティープレイヤーとして長くプレーしましたね。こういうセンスのあるタイプの選手は上手く生き残れることがありますね。

社会人から成功した牧田、美馬、荒波

社会人では日本通運の牧田和久を西武が2位で指名して成功しました。最近では珍しいアンダースローのピッチャーということで平成国際大の時から名前は聞いていました。社会人では怪我で投げられない時期もあり、この年が入社4年目の26歳になっていましたから巨人ではリストに上がっていませんでした。ですので2位で名前が呼ばれるとは全く思っていませんでした。ソフトバンクの摂津もそうでしたが、社会人のピッチャーはたまにこういうケースがありますね。

楽天が2位で指名した東京ガスの美馬学（現・ロッテ）も社会人から入団して成功したピッチャーです。茨城の藤代高の時は内野をやりながらピッチャーもしていて、甲子園にも出ていたので当然よく知っている選手です。中央大に進んでからは怪我が多くて何度か手術して、ひじも曲がっているという話でした。それでも澤村などと一緒に練習やトレーニングをやって、体重も増やしてボールが速くなりました。上背はなくても体に厚みがあって、私たちがよく〝丸胴（まるどう）〟と呼んでいる体型。こういうタイプは結構馬力が出てくることが多いのです。

美馬はドラフトの時ではなく、楽天からFAになった時に獲ろうとしたことがありました。

「美馬を獲れないか?」という話になって、藤代高時代の監督だった専大松戸の持丸修一監督に私が連絡を入れたのです。持丸さんからは「もうロッテに決まっているみたいだ」と知らされただけでなく、以前に巨人の担当が来た時の態度があまり良くなかったようで「巨人に対する心象は良くねえよ!」みたいなことも言われました(笑)。巡り巡ってこういうこともありますから、改めてアマチュアの人たちとの関係性は大事にしないといけないないなと肝に銘じました。

社会人の野手ではトヨタ自動車の荒波翔(横浜3位)もゴールデングラブ賞を獲るなど活躍した選手に挙げられますね。横浜高時代から有名な選手で、東海大へ進んでからは少し怪我もあってなかなかコンスタントに結果を出せないようでした。この頃はOBの大学生、社会人も含めて横浜高から何年も連続でドラフト指名されていた時期で、それを途絶えさせたくないということもあって「どこか獲ってくれないか?」という話もあったようです。言ってみれば実力以外の面でのプラスアルファの要素もあったかもしれません。それでも低迷していた当時の横浜には貴重な戦力になりましたね。プロ入り後の荒波の活躍を見ていて、入る球団のチーム事情やタイミングも大事だと実感したものです。

2011年

日本ハムの強攻指名

日本ハム山田GMから売られた喧嘩

この年は前年と違い早くから東海大の菅野智之（現・オリオールズ）を1位で指名しようという話になっていました。高校時代は1位で推すほどのピッチャーではなかったことは前に書きましたが、大学ではストレートがコンスタントに150キロくらい出るまでになっており、スライダー系の変化球も良くなっていました。少し大きい変化のボールと、小さく変化するカットボールを上手く投げ分けることもでき、加えてスプリットもしっかり低めに投げられる。1年目から一軍である程度勝ってくれるだろうと期待のできる即戦力のピッチャーに成長していました。

早々に1位指名を公言したのは、「原監督の甥だから指名しても拒否されるだろう」と他球団に手を引いてもらいたいという思惑も当然ありました。私もかなり早くから「本人の意思も相当に強いみたいだ」ということを色んなところで言って回っていましたから、他球団が指名してくることはないだろうと思っていました。菅野本人も子どもの頃から伯父である原監督のことを見て育っていますから「もちろんやるなら巨人で！」という気持ちは早くから持っていたことでしょう。

迎えたドラフト会議の当日。会場に入る前、原監督と私が一緒にいるところへ日本ハムのGMである山田正雄さんが来てこう言ったのです。

「原監督、甥っ子さんは凄いね。あれは1年目から相当やるよ。間違いなくナンバーワンですよ。長谷川くんもずっと見てきて良かったね。おめでとう」

「いやぁ、ありがとうございます」などと言って会場入りしたのですが、蓋を開けてみたら日本ハムの1位は菅野でした。会場もこの指名には大歓声。私は「止めてくださいよ……」という思いと「何だよ！　山田さん！」という怒りにも似た気持ちになりました。もちろん日本ハムが指名するのは自由です。でもだったら会場に入る前にわざわざ「おめでとう」なんて言いに来なくていいじゃないですか。山田さんとしては「巨人の思い通りにさせてたまるか！」という気持ちもあったのかもしれませんが。

日本ハムが指名したことで原監督も憮然とした様子でした。抽選は大体いつも原監督が引いていたのですが、この時ばかりは「甥っ子の人生を決めるくじを引きたくない」というようなことを言って清武さんが引くことになりました。結局当たりを引いたのは日本ハムで、もうWショックです。会場も巨人が外したことでまた盛り上がるわけです。清武さんも原さんの憮然とした様子を見ていたので、外した後はテーブルに帰ってきたくなかったと思いますね。

そんなドラフトがあった数日後のことです。原監督と一緒に昼食をとっていたら監督の携帯に着信がありました。原監督は「山田さんからだよ」と携帯のモニタをこちらに見せてから電話に出ました。「うちとしても高く評価して指名させてもらいました」というような、日本ハムが菅野を指名した理由などを話されていたようです。原監督は声を荒げることも、不機嫌そうな様子も見せずにこう言ました。

「山田さんは悪くありません。日本ハムも悪くありません。山田さんの言葉を信じて喜んだ僕が悪いんです。ただ、智之本人は意思が固いようなので、どうするかについては僕は何も言えません」

電話を切った原監督が私に向かって言った言葉は今でも忘れないですね。

「いいか国利、これが大人のケンカだぞ。お前みたいにカッとなって大声出して暴れまわるようなのはケンカじゃないよ」

日本ハムとしては長野も巨人入りを希望して拒否されていましたし、前年も巨人入りを希望していた澤村が巨人の単独指名でしたから、何とか一矢報いたいという思いがあったのかもしれません。たださすがに原監督の甥っ子ですから、巨人以外の球団に入団するのは難しいというのは分かっていたでしょうけれど。

他球団が菅野を指名してこないと予想していましたから、外れ1位を誰にするかは考えていませんでした。最終的には英明（香川）の松本竜也を指名していますが、私と原監督は放心状態でどんな話をして決めたのか正直あまり覚えていません。清武さんがとりまとめてくださって、原監督にも「松本でいきます」という話をして「分かりました」程度の会話はあったとは思います。松本はちょっと体が硬そうではあるものの、上背があってボールに勢いもありました。高校生の将来性のある左腕ということで、元々高く評価しているピッチャーではありました。2位で指名した太成学院大高（大阪）の今村信貴も高く評価していたピッチャーです。球威は松本ほどないものの、高校生の左ピッチャーの割にはコントロールもしっかりしていてある程度の完成度もありました。マウンドさばきも良かったですね。体力がついてくれば楽しみでしたし、息の長い選手として現在も一軍の戦力になってくれています。3位では専門学校の沖データコンピューター教育学院の一岡竜司を指名しました。都市対抗の予選が良く、本選ではJR九州の補強選手として登板もしました。左足を踏み出してから少し間を作って投げられて、カーブも変化が大きくて面白いと思いましたね。巨人での在籍は短かったですが、人的補償で広島に移籍して大活躍しました。

プロで明暗分かれた野村と藤岡

この年は菅野以外では東洋大の藤岡貴裕（ロッテ1位）と明治大の野村祐輔（広島1位）が評判のピッチャーでした。特に藤岡の人気が高くて最終的に3球団の競合になっています。左ピッチャーでも左右のコントロールがしっかりしていて、コーナーにしっかり投げ切れますし、ボールの力もスタミナもありましたから人気になるのもよく分かりました。ただプロでは思うような成績を残すことはできませんでした。大学時代に比べるとストレートが走っていないように見えて、上手くスタイルを変えられなかったのが原因かもしれません。東洋大出身のピッチャーではソフトバンクに入った大場も苦しみましたし、大学時代の投球をプロでも同じようにやるというのは簡単ではないのだと改めて思い知りました。

野村もシュートとスライダーの両方のコントロールが良くて、テンポ良くポンポンと抑えることができるピッチャーでした。バッターに打ち気がない時には簡単に真っすぐでカウントもとれるクレバーさがある一方で負けん気もなかなか強い。実にピッチャーらしいピッチャーでした。これは1年目から一軍で勝てるだろうという印象でしたし、野村は実際新人王も獲ってその後も先発で活躍しました。広島スカウトの苑田さんは野村を高く評価していて何度も何度も見ていましたから、単独で指名できた時は嬉しかったでしょうね。

大学生の野手では中京学院大の菊池涼介を広島が2位で指名しています。巨人担当スカウトの評価はあまり高くありませんでしたが、「高く評価している球団もあるみたいだから」ということで、部長の山下さんも見に行っていました。巨人では、自分はそこまで評価していなくても他球団が評価しているという話を聞くと「とりあえず部長にも見てもらおう」ということがよくありました。私も実際にリーグ戦を見に長良川球場まで行きました。守備はもちろん動きが良く、打つ方でも体が小さいわりに振る力があって遠くに飛ばせる。高く評価する球団があっても不思議ではないなという印象でした。広島としては2位という順位で獲って大成功でしたね。

スローイングに難があった近藤健介

高校生ピッチャーでは宮崎日大の武田翔太（ソフトバンク1位）がナンバーワンだという評価でした。体が大きくてスピードもあるピッチャーらしいピッチャーで、目いっぱい投げているように見えないのにボールが来る。大きいのに器用さもあり、キャッチャーが変化球を受けるのに苦労するくらいのボールを投げていました。ソフトバンクは地元の九州でしたからかなり早くからマークしていたようで単独指名となりましたが、菅野、藤岡、野村といった大学生がいなければ指名が重複するレベルだったでしょうね。

ソフトバンクが2位で指名した足立学園（東京）の吉本祥二も評判のピッチャーでした。体が大きくて、かなり馬力がある印象で、ボールの力だけを見れば騒がれるのもよく分かりました。ただ失礼な話かもしれませんが足立学園は野球でそこまで有名な学校ではなく、あまり鍛えられていないということも感じました。帝京や関東一みたいな強い学校で鍛えられていたらもっと評価しやすかったと思います。それでも3位では残っているか微妙だから2位でいこうと考えたソフトバンクの気持ちも理解できます。それくらいスケールの大きさはありました。

日本ハムが6位で指名した専大松戸の上沢直之（現・ソフトバンク）も印象が良かったピッチャーです。ボールに角度があって、カーブで上手く緩急を使うことができていました。体が大きい割にバランスも良い。専大松戸の持丸監督も早くから期待していたのも分かります。ただ高校生の時点ではスピードガンの数字はそこまでなくて、大体140キロ台前半で130キロ台のボールが多かった。6位まで残った理由としてはそれが大きかったと思います。

中日が1位で獲得した高橋周平も神奈川の出身で、お兄ちゃんが東海大相模ということもあって中学時代からよく知っている選手でした。パンチ力があってミートも悪くなかったのでバッティングは評価していました。反面、守備面ではプロでショートは厳しいだろうという見立てだったので3球団も1位競合したのには正直驚きました。各球団それだけ高橋の打撃を評価していたのでしょうね。実際1年目から二軍でもよく打っていました。ただプロに入ってからは年々バッティングが小さくなっていったのが残念でした。高校時代の印象ではもう少しホームランを打てる選手になれると思って見ていましたから。

日本ハムが4位で指名した横浜高の近藤健介（現・ソフトバンク）もバッティングが良かったですね。ただこちらも守備面が気になりました。元々は内野手で途中からキャッチャーをやっていましたから、肩の強さはありましたがスローイングがちょっとイップス気味で、守備は相当厳しいだろうと。プロでもやはりキャッチャーとしてはスローイングに難がありました。しかし、バッティングではプロ入り後に想像以上の成長を遂げました。元々あったミート力に長打力が備わって、今や球界を代表する好打者です。ここまでの将来は見えていませんでした。プロであそこまで圧倒的に打力があれば、ある程度守ってくれれば十分ですよね。

写真:産経新聞社

菅野の交渉権は抽選の結果、日本ハムが獲得。菅野は入団を拒否した。

2012年

2年越しで獲得した菅野

楽天・星野監督の横やりが怖かった「菅野1位」

この年も2009年の長野と同じで、年初から1位は菅野でいくことが決まっていました。日本ハムの指名を拒否して東海大に1年残る決断をしていた菅野は、練習することはできても1年間公式戦に出ることはできませんでした。その辺がホンダに残っても試合に出ることができた長野の時と状況が異なっていました。ですので、私の東海大時代の同級生でもある横井人輝監督は、オープン戦で親交の深いチームと対戦した時などには少し長いイニングをお願いして、菅野の投げる機会を作ってもらうようなこともしてくれていました。私が練習やオープン戦でのピッチングを見に行っても、その体つきからもしっかりトレーニングを積んでいることは分かりましたし、ボールも前年と比べて全く遜色ありませんでした。本人も大変だったでしょうが周囲の協力などもあったお陰でしっかり練習もできて、よく状態を維持してくれたと思います。浪人という立場ではありながらも、前年のドラフト時と同じように即戦力として変わらずに評価しました。

さすがにこの年は他球団も指名してくることはないだろう。

そう思って迎えたドラフト当日。ドラフト会議が行われるホテルのエレベーターで楽天の星野監督と一緒になった時のことです。星野さんが原監督に向かって「タツ、うちは決めたぞ。1位は菅野でいく」と言ったのです。直ぐに冗談だということは分かりましたが、内心では「勘弁してくださいよ」と思いましたね（笑）。それでも前年の日本ハムの山田さんのこともありましたから、楽天の1位指名が読み上げられるまではちょっと落ち着きませんでした。結局楽天が指名したのは東福岡の左腕、森雄大。他球団からの指名もなく、無事に菅野を単独指名することができました。決まった時は本当にほっとしました。

菅野への指名の挨拶が終わった後、原沢敦球団代表と私の間でこんな会話がありました。

「1年間試合をしていないんだから、プロでも1年目はゆっくりやればいい」

「いえ、1年目からできます。来年からすぐ活躍するために練習をしてきて、大学も協力してくれたのですから」

原監督の菅野に対しての要求も厳しかったですね。菅野もそれにこたえて実際に1年目からよく投げてくれました。

1位はピッチャーの菅野と決めていましたから、2位では野手を獲ろうという方針で道都大の大累進を指名しました。この頃の巨人にはショートには坂本、セカンドには藤村という若い選手がいましたが、選手層が少し薄かったことから比較的早く戦力となり、かつ一芸がある選手がいいだろうという話で大累に決まったと記憶しています。大累はとにかく足が速いということが大きかったですね。4年生の時の大学選手権で目立っていましたから、他も評価しているんじゃないかということで、確実に獲るためにこの順位になりました。

3位では菰野の内野手、辻東倫を指名しました。2位の大累とは違って将来を考えての指名です。バッティングのタイプは、かつて享栄からドラフト1位で中日に入った藤王康晴とイメージが近いと思いました。あそこまでのスケールはないにしても、体のサイズがあって長打力もありましたから。プロでも二軍では順調に活躍して、一軍で内野が足らないという話になるとよく呼ばれていました。残念ながらレギュラーを奪うところまではいきませんでしたが、辻がよく起用された頃は坂本がショートでサードに村田修一がいましたから、どうしてもチャンスは少なくなりますよね。他球団に行っていたら、もう少し活躍できたかもしれません。

5位は東海大・横井監督からの推薦もあって坂口真規を指名しました。智辯和歌山時代に甲子園で1イニング2本のホームランを打ったことがあり、それが強烈に脳裏に残っていたバッターでした。力があっても1イニング2本塁打はなかなかできることではありませんから。大学ではなかなか結果が出ずに苦しむ時期もありましたが、それでも飛ばす力を評価しての指名でした。

同じ東海大からはキャッチャーの伏見寅威が3位でオリックスに指名されています。この当時、巨人は正捕手の阿部慎之助がベテランにさしかかっており、打てる捕手ということで「伏見はどうだ?」という声もありました。ですが、個人的にはあまり買っていませんでした。まずキャッチャーとして地肩の強さがそこまでなく、足が遅いのも気になりました。バッティングも阿部慎之助のようにプロで3割を打てるレベルか、その時点では疑問符でした。これらの理由から私は推薦しませんでした。そんな伏見がFA移籍するまでになり、今は日本ハムで頑張っています。プロで成功できた要因を考えてみると、捕手として非常にクレバーな面があったからなのかなと思います。1学年上の菅野に対しても上手く顔を立てながらも、しっかり自分の意見は言うという面がありました。

指名できない〝運命〟だった大谷翔平

この年の高校生には花巻東の大谷翔平（日本ハム1位／現・ドジャース）がいました。下級生の頃から体が凄く大きいのにバランスの良いピッチャーがいるという話は聞いていました。ただ、柔らかさはあってもまだ力強さはなくて〝ぐにゃぐにゃ〟しているという印象でした。2年生で夏の甲子園に出た時も下半身を痛めていて完全に突っ立って投げていましたね。驚いたのは3年春の選抜です。初戦で大阪桐蔭と対戦して、藤浪晋太郎（現・マリナーズ）のスライダーかカットボールのような内角の変化球をホームランにしたあのバッティングです。あのホームランを見て「これは凄いバッターになるだろうな」と思いました。今はあの時の柔らかさに加えて、鉄の兜と鎧を重ねて着ているような体になって、ますますパワーがつきましたね。

仮定の話になりますが、もし前年巨人が菅野を獲れていて、大谷が日本の球団に行くということを表明していたとしても、巨人が指名していたかは微妙だったと思います。本人があれだけメジャー志向が強いと、活躍したら当然ポスティングで移籍したいという話が出てきます。一方で巨人は一貫してポスティングは認めないという方針の球団でしたから。

大谷にホームランを打たれた藤浪も、甲子園で春夏連覇を果たすなどもちろん評判のピッチャーでした。ただ個人的にはあれだけインステップしてテイクバックも腕が背中に入る投げ方で大丈夫かな？　という大きな不安がありました。高校の時点では大谷よりもスタミナや完成度はありましたが、将来を考えれば大谷の方がやはり良かったですね。それでも藤浪はプロでいきなり二桁勝って活躍しました。今はフォームが崩れてなかなか修正ができない状態が長く続き、高校時代に懸念したことが現実になってしまっています。

中日が2位で指名した愛工大名電の濱田達郎も大型の左ピッチャーでスピードもあり、早くから評判でした。ただ3年生の時が良くなかったですね。そんな濱田の1学年下が現在DeNAで活躍している東克樹です。当時は濱田に比べると「まだ全然」というピッチャーでした。それが立命館大に進んで一気に伸びて濱田との評価をひっくり返しました。

高校生の野手では二松学舎大附の鈴木誠也（現・カブス）がメジャーに行くまでの選手になりました。ピッチャーもしていたこともあってか、巨人担当スカウトの評価はそれほど高くなく、「獲るなら4位以降で」という話でした。私が見た時はスイングに悪いクセもなくて、体が大きいわりにコンパクトに振り出して強い打球も打てていました。上半身だけではなくて下半身にも力があって、木のバットになっても打てるだろうという打ち方をしていました。担当には「下位では獲れないぞ」と言いましたが、案の定広島が2位で指名しました。

阪神も光星学院（現・八戸学院光星）のショート、北條史也を2位で指名しています。甲子園では確かによくホームランは打っていた選手です。ただそのホームランも下半身ではなく上半身で打っているという感じで、金属バットだから飛ばせたかなという打ち方に見えました。体もそこまで大きいわけではありませんし、ショートの選手としても足が速くない。プロでは苦労するだろうと思っていましたし、鈴木誠也に比べると個人的には評価は高くありませんでした。チームメイトだったキャッチャーの田村龍弘も、個人的にはプロでは厳しいかなという目で見ていた選手です。体が大きくないですし、打つにしても守るにしても高校生だから目立つレベルという印象で、いくら年齢が離れているとはいえ阿部慎之助と勝負できるような選手には見えませんでしたから。正直ロッテが3位で指名したときは驚きました。甲子園で三季連続準優勝したということで評価されたのかもしれません。私の予想を覆してロッテでよく頑張っています。

キャッチャーは翌年に日本生命の小林誠司を獲ろうという話がこの時点からありました。山下部長が小林と同じ広陵出身ということもあって、社会人に進んだ時点から動き出していましたから。ですからこの年は無理してキャッチャーを指名する予定はありませんでした。

プロ入り後の活躍に驚いた小川と宮崎

この年は三重中京大に則本昂大がいました。当初は日本生命に進む予定だったのですが、本人が強くプロ入りを希望したこともあり楽天が2位で強行指名しています。ボールが強くて、低めのボールが垂れず、ストライクゾーンで勝負ができるピッチャーで、私も「これはいいピッチャーだな」と思っていましたから、楽天が強行してまで獲ったことも理解できました。巨人としては翌年の小林のことを考えると日本生命と喧嘩するわけにはいきませんから、則本を強行指名するという選択肢はありませんでした。

大学生のピッチャーでは亜細亜大の東浜巨（ソフトバンク1位）が人気で3球団が競合になりました。ストレートにそこまで力がなくても、コントロールが良くて縦の変化球の使い方が上手く、東都リーグで何度も完封していましたから、評価が高いのも当然でした。巨人がもし前年に菅野を獲ることができていたら、この年は東浜を1位で指名していたかもしれませんね。

ヤクルトが2位で指名した創価大の小川泰弘はルーキーイヤーにいきなり最多勝も獲ってその後も活躍しています。体も小さくてストレートのスピードは140キロ台前半くらいでそれほど球威も感じません。それでも長く活躍できているのは、独特のフォームでボールが見づらいことスタミナがあったことが大きいですね。「あそこまでやれるとは思っていなかった」という選手の1人です。

社会人ではDeNAが6位で指名した宮﨑敏郎が首位打者を2回獲るようなバッターになりました。これにも驚かされました。DeNAは後に佐野恵太も9位指名から首位打者になっていますが、佐野のことは巨人も打撃は評価していて獲ろうという話もありました。ただ宮﨑は社会人では確かに打っていましたが足も速くないし守備も上手くありませんでしたからノーマークで、同じセガサミーからDeNAに4位で指名された赤堀大智の方が当たれば凄い飛距離がありましたから目立つ存在でした。今の宮﨑のバッティングを見ていると本当に職人のようですよね。プロでもあそこまで打てる選手になるとは全く思いませんでした。

写真:産経新聞社

2年越しでの指名、菅野はエースとして長年チームを支えた

2013年

セ・リーグ連覇も世代交代待ったなし

ポスト阿部か即戦力投手か？

この年はセ・リーグでは二連覇を果たしながらも、日本シリーズでは楽天に敗れて日本一は逃しました。そのこともあってオフにはＦＡで広島から大竹寛、西武から片岡治大などを補強しています。また投手では内海哲也、杉内俊哉、野手では阿部慎之助、村田修一、亀井善行といった主力がベテランになっており、しきりに世代交代が必要ということも言われる時期になっていました。特にキャッチャーは、阿部が前年には首位打者を獲得し、この年もホームランを32本、盗塁阻止率も．３６８を記録するなど、衰えを感じさせないものの年齢はもう34歳。「ポスト阿部」が優先課題の一つになっていました。

それでもこの年の1位は、最終的には現場からの「先発の枚数が足らない」という要望を優先して、すぐ使える先発タイプのピッチャーを狙うという方針になりました。候補として絞り込んだのは東京ガスの石川歩と九州共立大の大瀬良大地の2人の右腕。他球団の評価が高かったのは、まだ未完成な部分がありながらもボールに力がある大瀬良でした。一方の石川は社会人で3年間やっていて、コントロールも変化球も良くて完成度が高い。縦のカーブにはブレーキがあってフォークもストレートと見分けがつかない軌道で鋭く落ち、腕の振りもストレートと変化球で変わらない。高校は富山の滑川、大学も愛知の中部大とそこまで強いチーム出身ではなく、社会人になってから伸びてきた点も評価されるポイントでした。

最終的に巨人が1位に選んだのは、競合になる（ヤクルト、広島、阪神が1位指名）ことが分かっていた大瀬良ではなく石川の方でした。石川は大卒3年目の社会人ということもあって単独で獲れるだろうという目論見もありました。しかし、ロッテとまさかの競合となり、抽選でも外してしまいました。

外れ1位は誰にするか？　即戦力で期待できるピッチャーというのは毎年そう何人もいるものではありません。ですので、当初2位で予定していた日本生命のキャッチャー、小林を繰り上げて指名することになりました。前年から小林を狙うという話があったことは前に書いたとおりですが、「巨人以外は行きません」という話にはなっていなかったと思います。巨人が石川の抽選を当てていたら小林は他球団に先に獲られていた可能性もあったでしょう。小林は同志社大の時からスローイングが良くて守備は早くから高く評価していました。一方でバッティングは大学生の中でも目立たないレベルで、上位で指名しようという選手では正直ありませんでした。それが大学4年くらいから徐々に打てるようになってきて、社会人で着実に力をつけたということで評価も高くなりました。

この年のキャッチャーは、高校生なら大阪桐蔭の森友哉（西武1位／現・オリックス）、花咲徳栄の若月健矢（オリックス3位）、大学生も福岡大の梅野隆太郎（阪神4位）、立正大の吉田裕太（ロッテ2位）など、評判の選手が多くいた年でした。スローイングの安定感と強さでは小林が頭一つ抜けていましたが、バッティングではやっぱり森の評価が高かったですね。あれだけフルスイングしてしっかり芯でとらえられるのは凄い。ただプロでキャッチャーをやれるかという点は疑問だったことは確かです。体のサイズもなくて、国際大会ではアメリカの選手にタックルされて吹っ飛んだこともありました。性格的な面も、色んな話を聞いているとキャッチャー向きではないのかなという印象を受けました。梅野も大学日本代表で4番を打つなどバッティングは良かったのですが、スローイングはひじも曲がっていてかなり不安定でした。肩の強さで言えば小林の次に良いと思ったのは若月でした。ただバッティングはなかなかタイミングがとれなくてプロではかなり苦労するだろうと予想していました。

2016年からはプロ野球でもコリジョンルールができて、キャッチャーが走者と衝突するようなプレーがなくなりました。また最近ではデータも多くなって、配球もベンチから指示することが多くなっています。そうなると体のサイズや配球面はそこまで考えなくてもよく、森のように打てる選手の方が重宝されるということもありそうですね。

松井裕樹との比較で評価を上げた田口麗斗

2位で指名した高知高の和田恋は、2年秋に出場した明治神宮大会でも長打を3本打って、3年春の選抜でも済美の安楽智大（2014年楽天1位）からもホームランを打つなど、バッティングをかなり高く評価した選手です。当初は早稲田大への進学を希望していたようでしたが、大学側の事情もあって難しくなり、3年夏の地方大会が終わってからプロ志望に変更していました。ピッチャーもやっていて肩も強いので鍛えればサードもできるだろうという考えもあっての2位指名でした。二軍ではよく打っていたのですが、なかなか一軍には定着できませんでした。

高校生のピッチャーでは2年生の時に甲子園で奪三振記録を作った桐光学園の左腕、松井裕樹（楽天1位／現・パドレス）が評判で5球団が競合になりました。ただ個人的には少し疑問の目で見ていました。その理由は三振を奪っているゾーンが全てボールだったということです。横浜時代に指名した関口や森中、愛知工業大から楽天に入った長谷部がそうだったように、アマチュアでは空振りを奪えていたボール球をプロでは見逃されてしまいます。彼らがなかなか活躍できない姿を見ていたので、松井もプロでは苦労するのではないかなと思っていたのです。ただ松井は思った以上に馬力もボールの力もありました。カウントをとる変化球もプロで良くなりましたね。正直あそこまで伸びるとは見ていませんでした。

3位で指名したのが広島新庄の田口麗斗です。この年は高校日本代表の国際大会が台湾であって、山下部長と一緒に視察に行きました。1位で競合必至の松井と比べてもコントロールは田口の方が良かったですし、スライダーも曲がりが遅くて途中までストレートと見分けがつかないようなボールを投げていました。スピードがまだそこまで出ていなくて、体も大きくなかったので上位でなくても獲れる可能性が高く、だったら松井を上位で獲るよりも田口を下の順位で獲った方が良いだろうという判断での指名でした。実際田口も早くから一軍に出てきましたし、プロに入ってからボールも強くなって、今はヤクルトの中心選手として活躍しています。

高校生のピッチャーでは5位で指名した北山（沖縄）の平良拳太郎も強く印象に残っています。サイドスローに近い腕の振りでちょっと体をひねって投げるのですが、スライダーが手元で曲がるんです。体が細いわりにスピードもあって、体が大きくなってきたらもっと良くなるだろうという印象でした。巨人に在籍した期間は短かったですが、ＤｅＮＡに移籍してからは先発でも投げています。本人にとってはチャンスが多い球団に行って良かったのかもしれませんね。

大学生のピッチャーでは亜細亜大の九里亜蓮（現・オリックス）が広島の2位で入団して長く活躍しています。個人的にあまり高く評価できなかったのは、翌年にＤｅＮＡが1位で指名する山﨑康晃もそうなのですが、どうしても亜細亜大独特のツーシームに頼ったピッチングで、ストレートが良く見えなかったのがその理由です。やっぱりピッチャーで一番軸になるのはストレートですから。でも、もしかしたら大学時代は本来持っているストレートを見せる機会がなかっただけなのかもしれません。九里も山﨑もプロに入ってからはそこまで極端にツーシームに頼った投球ではなくなり、しっかり結果を残していますから。彼等のプロでの活躍を見ながら後になってそんなことを反省しました。

下位で入団した選手では阪神が6位で指名した国士舘大の岩崎優が大活躍しています。左ピッチャーということでプロからも注目されていましたが、リーグ戦を見に行ってもなかなか1戦目に投げないのです。2戦目に投げたり、リリーフで投げたりということが多くて「どこか痛めているんじゃないか?」という噂もありました。スピードも140キロくらいでボールの力も感じませんでした。それでも低めのボールが落ちずにミットに収まっているように見えましたから、今の時代であればトラックマンでボールの回転数などを計測してみることで、もっと評価が上がったピッチャーだったかもしれません。

大学生野手では西武が2位で指名した富士大の山川穂高(現・ソフトバンク)がプロ入り後に何度もホームラン王を獲るようなバッターになっています。山川は中学校のクラブチーム『SOLA沖縄』でプレーしている時から知っている選手でした。東海大相模は沖縄の中学生もよく進学してきているのですが、大城卓三（東海大相模→東海大→NTT西日本／2017年巨人3位）もその1人で、山川とは同じチームでした。当時から目立っていた大城に比べると山川はそこまでではなく、東海大相模も声をかけていなかったと思います。大学時代はヤクルトにいたバレンティンみたいな打ち方で、飛ばす力はあるけれどアウトステップして外角の変化球には簡単に空振りすることが多かった印象です。守備もプロでは守ってもファーストという選手でしたから、セ・リーグの球団はなかなか高く評価できなかったのでしょう。西武は岸のところでも書いたように、繋がりが強い大学が東北に多くあり、富士大はその筆頭みたいなものでした。山川のこともかなり早くからマークしていたはずです。

アマチュア関係者との会食費は5000円？

社会人の野手では広島が3位で指名したJR東日本の田中広輔が東海大相模、東海大出身ということで昔からよく知っている選手でした。お父さんも東海大の出身で私の2年先輩、原監督の2年後輩にあたる方です。広輔は5人兄弟の二番目で、上のお姉さんと後に巨人に入る弟の俊太も東海大でした。そういう繋がりもあって、原監督からも「広輔はどうだ？」と聞かれたこともありました。スピードとパンチ力があって気持ちも強いので、プロ向きの選手だとは私も感じていました。ただ、巨人のショートは坂本勇人がバリバリのレギュラーで、田中とは学年も一つしか差がありません。そうなれば当然巨人としては優先順位も下がりますし、社会人のショートを指名しようという考えもありませんでした。実際、田中のお父さんからも電話をもらって「巨人は指名ないよな？」ということも言われました。本人にとっても広島に行って良かったと思います。

中日が2位で指名した独立リーグ、香川オリーブガイナーズの又吉克樹（現・ソフトバンク）は1年目からすぐに活躍しました。四国アイランドリーグの選抜チームが関東に遠征してNPBのファームと交流戦をやる機会があった時に県営大宮球場で投げていて、サイドスローから繰り出すスライダーが良かった。当時はなかなか独立リーグの選手を上位で指名することに勇気がいりましたから、中日は又吉が戦力になると、かなりの自信があったのでしょうね。

この年で印象深いのはアマチュア球界の方との会食についてです。春の宮崎キャンプに社会人チームの監督が来られていて、以前から付き合いのある方だったのでその後に食事に行ったのです。ですがその後に原沢敦球団代表兼GMに「アマチュア側との接待や会食は控えてほしい」と言われたのです。裏金問題のようなことに繋がることはとにかく避けたいという思いがあったことは理解できます。しかし、アマチュア球界の監督さんや関係者と日頃から関係を築いておくことはスカウトにとっては大事な仕事の一つです。社会人チームでも大学と繋がりを作るために、野球部だけでなく選手のいた学部の教授とも会食をしたりしています。そういったことも含めて原沢さんにはこう言いました。

「会食をなくすのは構いません。その代わりこれまでのように狙っていた選手をあえて下の順位で獲ることや、色んな情報を掴むことも難しくなりますよ」

最終的に「それなら仕方がない」ということでご理解をいただき、会食を禁止するという話はなくなりました。ですがこの話には条件がありました。「会食は5000円に抑えてくれ」と言われたのです。この金額だとアマチュア球界の有力者を相手にファミレスで会食するしかありません。「もうちょっとなんとかしてくださいよ」とさすがにこのときは泣きつきました(笑)。

逆指名時代のところでも書いたように巨人は伝統的にアマチュアのチームとの繋がりを重視してこなかったというのが、このことにもよく表れていると思いました。

2014年

狙い通りだった岡本の単独指名

原監督が熱望した右の長距離砲

この年はセ・リーグ三連覇を達成しながらも、クライマックスシリーズで阪神に敗れて日本シリーズに出場することができませんでした。主にクリーンアップを打っていたのは阿部慎之助、村田修一のベテランとロペス、アンダーソンの外国人選手でした。坂本勇人や長野久義はいましたが、2人とも4番を打つような選手ではありません。そういったチーム事情もあって、原監督も早くから「毎年30本以上ホームランが打てる選手、特に右バッターが欲しい」ということを言っていました。アマチュアの選手を見ていてもイチローや松井秀喜が活躍してきた頃から右投左打の選手が増え始め、右打ちでホームランを打てる選手が少ないということが盛んに言われていた頃でした。

そういう要望もあって1位で指名したのが智弁学園の岡本和真でした。下級生の頃から評判のスラッガーで、3年春の選抜で2本ホームランを打ったことで一気に株が上がり、関西担当スカウトの渡辺政仁も高く評価していました。強く印象に残っているのは高校日本代表チームとして出場した大学生との練習試合です。国際大会に合わせて使っていた木製バットでライトポール際のフェンスに直撃する打球を打ったのです。渡辺と一緒に見ていて「これは凄い」と唸らされました。普段、金属バットを使っている高校生はまず木製バットに慣れるのに苦労することが多いものです。それが岡本には全くなく、さらに右方向への打球もよく伸びる。これはプロでもある程度ホームランを打てるバッターになれるなとそのときに思いました。ピッチャーもやっていて肩の強さもありましたし、守備はしっかり鍛えていけばサードを守れるようになるだろうと判断しました。この年に指名された選手の顔ぶれを見ても、岡本以上にホームランを打てるようになる選手はいないだろうという意見はスカウトの中でも一致していました。

他球団はファーストの選手で足が速くないということがやはり気になったのか、1位で競合することもなく無事に巨人が単独で指名することができました。ただ、球団上層部からは「他の球団が高く評価していなかったことが不安」という声がありました。そのため1位指名ではありましたが契約金は1億円ではなく8000万円に抑えられました。

今振り返ってみても、この時に岡本が獲れていなければその後の巨人はもっと苦しいことになっていたでしょう。

1位で岡本が獲れたことで、2位以降は比較的早く使えるピッチャーを狙おうということになりました。そこには前年に1位で石川の抽選を外し、ピッチャーを高校生しか指名していなかったという事情もありました。2位で指名した日本大の戸根千明（現・広島）は少し変則な投げ方の左ピッチャーで、その割に馬力があってボールの力があるというところを評価していました。体つきも胸板が厚くて、ちょっと格闘家みたいでしたね。とにかくよく投げていてスタミナがある印象でした。

即戦力としての期待に応えてくれたのが3位で指名した三菱重工名古屋の高木勇人です。スライダーが特に良く、スピードもあって縦に変化する独特のボールで、ストレートも力があって低めにしっかり投げられました。1年目にはいきなり開幕5連勝もしてオールスターにも出場しています。徐々にスライダーが攻略されて投球が苦しくなりましたが、スライダーが使えるピッチャーはプロでもある程度通用することを再認識させてもらいました。

4位で獲った國學院大の田中大輝は戸根、高木とは違って即戦力ではなく将来を見越しての指名でした。大学でも活躍したのは4年の春だけでしたから。その時は腕の振りが柔らかくて、ストレートもスピードガンの数字以上に手元でボールが来ていて、大学日本代表にも選ばれて良いピッチングをしていました。4年秋に痛めていた肩も治る見込みで指名しました。ただプロに入ってからもなかなか肩の状態が良くならず、そのあたりは見込みに甘いところがあったと言わざるをえません。

投手としてよりも野手として評価していた山﨑と松本

もしもこの年の方針が「即戦力ピッチャーを獲る」ということだったら、早稲田大の有原航平（日本ハム1位／現・ソフトバンク）を指名していた可能性が高かったでしょう。スピードがあって体が大きい割にコントロールも良くて完成度が高い。早くから一軍でも使えるピッチャーという評価でした。実際有原には4球団が競合しましたし、1年目から先発で活躍しましたから、その見立て通りだったと思います。

高校生のピッチャーでは前橋育英の髙橋光成（西武1位）と済美の安楽智大（楽天1位）が下級生の頃から甲子園でも活躍していて評判でした。髙橋はそこまでボールに質の高さや球威があるようには見えませんでした。安楽には馬力もスピードもありましたが、フォームが少し癖が強くて、実際に故障もあったのでそのあたりが不安要素でした。

ソフトバンク1位の盛岡大附の松本裕樹も神奈川出身ということで早くから知っていた選手でした。ピッチャーとしてはスライダーに良いものがありましたが、3年夏に出場した甲子園ではひじを痛めていたこともあって完全にかわすピッチングスタイルになっていたのが引っかかりました。バッティングでは飛ばす力がありフィールディングも良かったですから、野手として勝負しても面白かったかもしれません。

高校生の左ピッチャーではなかなかいないような力のあるボールを投げていた高松北の塹江敦哉（広島3位）も印象に残っています。この年の巨人は早く使えるピッチャーを優先しましたから最終候補の名前に挙がってきませんでしたが、もしも「高校生のピッチャーを獲ろう」という方針だったら、当然対象に挙がっていました。

高校生の野手ではオリックスが2位で指名した横浜隼人の宗佑磨も神奈川の選手ということで早くから見ていました。体にバネがあってパンチ力もある面白い素材でした。プロで二遊間で勝負するには少し細かい動きが物足りないという点と3年生の時に膝を怪我したのが気になりましたから、オリックスは思い切ってよく2位で指名したと思いました。後にサードにコンバートさせて成功でしたね。巨人は田中の怪我が治ると判断して指名したにもかかわらずプロではダメだったこともあり、怪我の見極めはなかなか難しいと宗の活躍を見ながら実感しました。

ソフトバンクが2位で指名した春江工（福井）の栗原陵矢もキャッチャーからサードにコンバートされて大成しました。1年生の秋に明治神宮大会に、2年生の春には選抜にも出場していて、その時から目立っていましたね。足が速くてバッティングも良く、キャッチャーとしても悪くなく、担当スカウトの井上真二も高く評価していた選手でした。宗と栗原の2人は、選手によってはコンバートで大きく化けることもある良い例ではないでしょうか。

横浜高から日本ハムに行った浅間大基と高濱祐仁も関東の高校生では評判になっていました。高濱は東海大相模のエースだった青島凌也（元・ホンダ）とまだ1年生だった吉田凌（元・オリックス、ロッテ）と対戦した時にスライダーが全くバットに当たらずに4三振した姿が頭にあり、「ちょっと苦しいな」と思ったことを覚えています。確かに青島も吉田もスライダーが良かったとはいえ高校生レベルのボールにここまでバットが当たらないのは苦しいですよね。飛ばす力はあっても打てるコースがかなり狭かった。浅間は体の力がそこまで感じられなかったものの高濱に比べるとミートする力はありました。それでもプロの外野手でレギュラーを獲るようになるまでに育つのは厳しいという印象がありました。

オリックスが1位で指名した明治大の左腕、山﨑福也（現・日本ハム）のお父さんは元巨人の山﨑章弘さんでした。巨人からしてみれば繋がりのある選手でしたが積極的に狙おうという話はありませんでした。ボールの力にそこまで相手を圧倒するようなものがないというのがその理由です。個人的にはスイングに柔らかさがあって、バットコントロールも良いので打者としての方が将来性を感じられました。ただ左投左打の選手でそこまで足が速いわけではないので守るとしたらファーストになります。そういうこともあって、野手でも上位という評価にはしていませんでした。

京都大のピッチャー、田中英祐のロッテ2位指名には驚きました。早くから一軍で使われましたが、時間をかけて鍛えていけば面白いだろうというレベルの評価で、とても即戦力というタイプではありませんでしたから。高い順位で指名されたのは京都大出身という話題性もあってのことだったのかもしれませんね。大学生で上位指名だと現場はどうしても即戦力という期待をするものです。しかし実際は数年は鍛えないといけない選手も多い。そのあたりはスカウトと現場でしっかりすり合わせする必要がある部分です。

西武とソフトバンクに感じた根本イズム

大学生の野手ではロッテが1位で指名した中村奨吾も評価が高い選手でした。内野手としての動きも良いし広角に打てる。しかしプロでホームランを多く打てるタイプではないということで岡本の上に来ることはありませんでした。広島が外れ1位で指名した中部学院大の野間峻祥も足があって肩も強くていい外野手でした。広島は足の速い選手を評価する傾向が強いので、そのことが高い順位に繋がったのだと思います。

驚かされたのが西武が3位で指名した富士大の外崎修汰です。失礼な言い方になりますが、田舎くさい打ち方で全く洗練されていない選手に見えました。東北の担当スカウトも全く評価しておらず、クロスチェックの対象にもなっていなかった選手でした。ですから当日に西武の3位で名前が呼ばれた時には本当にびっくりしました。それがプロに入ってからあれだけホームランも打って盗塁も決めてレギュラーになるわけで、本当に分からないものです。西武のチームカラーにもよく合っていたのだと思います。

前年の山川や、以前の岸のところでも触れましたが、西武は東北や九州などの地方大学と良い関係を作る上手さを持っていました。ソフトバンクにも同じことを感じました。私たちがお目当ての選手のいるチームの練習に視察に行くと、その情報が西武やソフトバンクには伝わっていたということがよくありました。以前のように逆指名はなくなっても、どの球団の誰が見に来たという話は球団が順位付けをしたりする時に重要な情報になります。逆に西武やソフトバンクは自分たちが評価している選手はあえて他の球団とは重ならないように練習に行くようなこともしていたようです。どちらの球団にも根本陸夫さんがいたことが関係しているのかもしれませんね。

根本さんはあれだけ長く西武、ダイエーのフロントの要職にいたにもかかわらず、私が球場でお見かけしたのは5回もなかったです。それだけ他の球団とは違う動きで選手を獲ろうという姿勢があったのではないでしょうか。

写真:産経新聞社

一巡目で岡本の単独指名に成功。現在もチームの主砲として君臨している(左端が筆者)

2015年

リーグ連覇が止まり、原監督二度目の退任

高校時代から縁のあった中川皓太

ヤクルトに競り負けて2位に終わり、セ・リーグの連覇が「3」でストップした年でした。先発ローテーションはエース菅野の次に多くのイニングを投げたのがルーキーの高木勇人で、それにマイコラス、ポレダが続くという、ルーキーと外国人に頼るところの大きい陣容になっていました。そういう事情もあって、ドラフトでは比較的早く使える先発タイプのピッチャーが欲しいという話が現場からありました。

そんな中で1位で指名したのが立命館大の桜井俊貴でした。スピードは145キロ以上は出ますし、何よりもコントロールとスライダーが良く、長いイニングを投げるスタミナもある。出身高が北須磨（兵庫）という比較的野球の強豪ではない進学校で頭も良いという話を聞いていましたし、プロに入ってからまだ伸びる見込みもありました。4年目にはプロ初勝利を含む

8勝を挙げ「さぁ、ここから」と期待しましたが、その後は苦しみました。凄く真面目な選手で良い意味での〝遊び〟がなかったのが伸び悩んだ理由かもしれません。1位での入団ということで周りの期待も大きく、それに応えようとして自分を追い込み過ぎていたようにも見えました。2022年限りで引退して翌年からはスカウトに転身。それも1年で辞めて2024年からは社会人のミキハウスで現役復帰を果たし、昨年の都市対抗予選では大活躍しました。

1位で狙い通り桜井を獲れたことで2位では野手を獲ろうとなり、抜群の俊足を評価して早稲田大の重信慎之介を指名しました。この頃の巨人には立岡宗一郎や橋本到という若い外野もいましたが、立岡はあまりスタートを切るのが上手くなく、橋本も見た目ほど足が速くありませんでした。そのため足を使った攻撃があまりできなくて、それを補うような役割になってほしいという狙いもありました。ヤクルトで活躍した青木宣親も大学時代は似たようなタイプでしたから、あわよくば青木のようになってくれれば良いなという期待と、もしプロでそこまで打てなくても足があるから代走や守備要員で戦力にはなるだろうという思惑があったことから、この順位での指名になったと思います。実際プロでもレギュラーまでは難しかったものの一軍の戦力にはなってくれました。

3位で指名した與那原大剛は普天間という沖縄の公立高校のピッチャーで、評判になっていたので試合も見に行きました。190センチ89キロと体が大きいパワーピッチャーで、フォームは少しトルネード気味で荒々しくて馬力がありました。大柄な割にクイックが凄く速かったことも評価したポイントでした。強豪校ではない高校生のピッチャーの場合、クイックやフィールディングなどが鍛えられていなくてプロで苦労することも多いのですが、與那原はそういうところの意識も高いように見えました。素材としてはとても面白い選手でしたから、怪我で結局一軍に上がることができなかったのが残念でした。

4位の城西国際大の宇佐見真吾（現・中日）はキャッチャーではありながらバッティングを評価して指名しました。高校時代は市立柏で、2011年の育成1位で指名したピッチャーの森和樹とバッテリーを組んでいて、当時からよく見ていました。ちなみにこの時の市立柏のショートを守っていたのが、社会人の王子に進んでこの年に広島に4位で指名された船越涼太でした。プロに進む選手が3人もいた力のあるチームでしたね。宇佐見は足は遅かったのですが、長打力もあって肩も強く、高校時代と比べて良くなっているという印象でした。現在は中日で打てるキャッチャーということで重宝されています。

7位で指名した中川皓太は、東海大の後輩ということもあって早くから知っていた選手でした。広島の山陽高時代、当初は他の大学に行く予定だったのですが、「本人はその大学を希望していないらしい」という話を広島の知人を通じて知り、それで東海大の横井監督に紹介してピッチングを見てもらうことになったのです。スピードはまだなかったものの「カーブが面白い」ということになり、こうして東海大への進学が決まったのでした。そうしていたらあれよあれよという間にリーグ戦で投げるようになり、他球団からも注目される存在に成長してドラフトを迎えていました。社会人の内定ももらっていましたが、「巨人だったら下の順位でも行きます」と言ってくれて、7位で獲ることができました。内定が決まっていた社会人チームには私も頭を下げに行って、了承してもらいました。プロでは上手くリリーフでハマって、今も大きな戦力となってくれています。

怪我の状態が気になった今永昇太

「即戦力として期待できそうなピッチャー」という意味では駒澤大の今永昇太（DeNA1位／現・カブス）が早くから評判になっていました。ただ4年生の春に肩を痛めてリーグ戦で1試合も投げられておらず、復帰した秋のリーグ戦を見る限りでも良い時の状態にはまだ戻っていないように見えました。本当に良い時はストレートの回転が良くて、バッターがボールのかなり下を振って空振りするようなことも多かったですから。前年4位で國學院大の田中を故障があっても治るという見込みで指名していましたから、2年続けて、まして1位という順位で怪我をしているピッチャーを指名するのはかなり勇気がいることでした。ＤｅＮＡは思い切って指名して大成功でしたね。もし肩を怪我していなければ左投手ということもあって、巨人も含めて確実に抽選になっていたでしょう。ちなみに、九州担当スカウトの武田は高校時代から今永を気にかけていて、ある大学に今永を紹介していました。ただその大学の動きが遅かったこともあり今永は結局そこには入学しませんでした。武田が紹介した方の大学に行っていたら、この年のドラフトもまた変わっていたかもしれません。

この年の大学生のピッチャーでは帝京大の青柳晃洋（現・フィリーズ）が5位で阪神に指名されています。まさか後に最多勝を獲るまでのピッチャーになるとは想像できませんでしたね。帝京大は毎年静岡の韮山で春のキャンプを行っていて、青柳と西村天裕（現・ロッテ）がいたこともあってその練習も見に行きました。青柳は確かにちょっと変則で打ちづらそうだなというピッチャーではありましたが、そこまで何か凄いボールがあるというわけではなく、ボールの力は西村の方があるように見えました。あまりいないタイプでしたので、その特長を生かして成功しましたね。

社会人では、日本ハムが2位で指名した新日鉄住金かずさマジックの加藤貴之も先発として活躍しています。当時はスピードもそこまでなくてコントロールも今ほど緻密ではありませんでしたから、上位指名の候補としては見ていなかったですね。ただ変化球はスライダーが良くて、打者の近くで曲がる良いボールでした。7位の中川も大学時代はスピードがなかったですから、左ピッチャーで変化球のいいピッチャーは使えることが多いということですね。

高校生のピッチャーでは私の高校の後輩でもある東海大相模の甲子園優勝ピッチャー、小笠原慎之介(中日1位/現・ナショナルズ)ももちろん早くから目をつけていました。少しぽっちゃりした体型で足も速くないのでそのあたりを懸念する声がスカウト内ではありました。ですが、私は彼の見た目とは裏腹のハングリー精神を買っていました。中学時代にプレーしていた『湘南ボーイズ』の田代栄次監督は高校、大学の後輩で、小笠原は家庭環境があまり余裕がなくて「プロに行って頑張る」という意識が強いということを聞いていましたから。実際、中日入団後は弟の学費も工面してあげたという話も聞いていましたから、小笠原は立派だなと思いましたね。

「こいつが一番!」だと思った小さな大打者

大学生の野手では明治大の髙山俊（阪神1位）が東京六大学で通算安打記録を作ったこともあって評判になっていました。髙山のバッティングには、テイクバックで体が回転する軸よりも大きくバットを引くクセがありました。この形でプロで高いレベルのピッチャーと対戦することになったら、果たしてどうかな？　対応することができるかな？　そんな懸念が私の中にはありました。1年目は新人王も獲ってブレイクしましたが、やはり色々相手から研究されてからが苦しかったですね。

個人的に髙山よりも高く評価していたのが青山学院大の吉田正尚（オリックス1位／現・レッドソックス）でした。バッティングについては「こいつが一番です！」ということをよく話していて、山下部長も同じ意見でした。最初に見たのは敦賀気比の1年生の時。小さな体で逆方向に大きい打球を放っていて驚きました。大学でも入ってすぐ打ちましたし、体も大きくなってどんどん力もついていきました。バッティングはプロでもすぐに一軍で通用するという評価をしていました。ネックは外野ながら肩の強さがないことと足が速くないこと。それでもオリックスは短所には目をつぶって1位指名しました。これも勇気がいった指名だったと思います。

大学生の野手でもう1人評価していたのが早稲田大の茂木栄五郎（楽天3位／現・ヤクルト）でした。体のサイズがなくても足が速くて飛ばす力がありましたし、プロでもレギュラーを獲れるなという印象でした。ただ不整脈でちょっと体調が悪くて試合にも出られない時期があったのが不安で、山下部長とも「心臓とか内臓が悪いというのは怖い」という話をしていました。

そういった不安がなければポジションは違いますが、チームメイトの重信よりも茂木の方が絶対上だと推していました。故障持ち、病気持ちの選手の判断は非常に難しいです。

高校生の野手では現役ドラフトを経て今は巨人にいる関東一のオコエ瑠偉が楽天から外れ1位で指名されています。あまり練習熱心ではないという話を聞いていましたから、それが気になりましたね。楽天でも態度や姿勢など、そういったことがよく指摘されていました。技術的にはバッティングの評価は高くなかったです。前年に横浜高から日本ハムに行った高濱と同じで、東海大相模と対戦した時に吉田凌のスライダーに対して全然打てそうにない空振りをしていました。プロでクリーンアップを打つには物足りないですし、リードオフマンで生きていくようなタイプにも見えなくて、打者として少し中途半端な印象が残っています。

下位で指名されて活躍した選手では広島が5位で指名した王子の西川龍馬（現・オリックス）がいます。敦賀気比の時から見ていて、バットコントロールが良くて柔らかいバッティングをするというイメージが残っています。体はそれほど大きくなかったですし、こういうタイプの選手にしては足も肩もそこまでではありませんでした。それがプロではクリーンアップも打つ選手になりました。長打力があんなにつくとは思わなかった選手です。

もう1人下位でブレイクしたのがオリックスが10位で指名したJR西日本の杉本裕太郎です。青山学院大に入学してきた時に河原井正雄監督が「ピッチャーで入ってきたけど凄く飛ばす奴がいる」と言って教えてくれたのが杉本でした。確かに力はあって打撃練習では遠くに飛ばしていました。それが試合になると完全に崩されてワンバウンドのボールを空振りするようなことも多く凡打の内容が良くありませんでした。体つきも大学時代はもっと細かったですし、プロのピッチャー相手では厳しいだろうという印象でした。社会人時代はリストにも上がっていません。オリックスはこの年の1位が吉田で10位が杉本。この2人が獲れたことがその後のリーグ連覇に大きく繋がりましたね。

巨人としても私にとっても大きな出来事は、やはり原監督がこの年限りで退任されたことです。順位こそヤクルトに競り負けての2位でしたが、勝率は年々低下しており、レギュラー陣もベテランが多くなっていました。セ・リーグでは勝っていても、日本一は2012年を最後に遠ざかってもいました。その責任を取ってということだったのでしょう。原監督の退任をきっかけに、私の立場も目まぐるしく変化していくことになりました。

読売ジャイアンツ時代<中期>に指名された選手

2010年			
1位	澤村拓一	投手	中大
2位	宮國椋丞	投手	糸満
3位	田中太一	投手	大分工
4位	小山雄輝	投手	天理大
育成ドラフト			
1位	和田凌太	内野手	広島工高
2位	岸敬祐	投手	愛媛マンダリンパイレーツ
3位	福泉敬大	投手	神戸9クルーズ
4位	荻野貴幸	内野手	愛知工業大
5位	財前貴男	内野手	エイデン愛工大OBBLITZ
6位	成瀬功亮	投手	旭川実高
7位	川口寛人	内野手	西多摩倶楽部
8位	丸毛謙一	内野手	大阪経済大

2011年			
1位	松本竜也	投手	英明
2位	今村信貴	投手	太成学院大高
3位	一岡竜司	投手	沖データコンピュータ教育学院
4位	高木京介	投手	國學院大
5位	高橋洸	内野手	日本文理
6位	江柄子裕樹	投手	東芝
7位	田原誠次	投手	三菱自動車倉敷オーシャンズ
育成ドラフト			
1位	森和樹	投手	市柏
2位	土田瑞起	投手	愛媛マンダリンパイレーツ
3位	柴田章吾	投手	明大
4位	芳川庸	捕手	洛北
5位	雨宮敬	投手	新潟アルビレックスBC
6位	渡辺貴洋	投手	新潟アルビレックスBC

2012年			
1位	菅野智之	投手	東海大在学
2位	大累進	内野手	道都大
3位	辻東倫	内野手	菰野
4位	公文克彦	投手	大阪ガス
5位	坂口真規	内野手	東海大
育成ドラフト			
1位	田原啓吾	投手	横浜
2位	松冨倫	内野手	別府大

2013年			
1位	小林誠司	捕手	日本生命
2位	和田恋	内野手	高知
3位	田口麗斗	投手	広島新庄
4位	奥村展征	内野手	日大山形
5位	平良拳太郎	投手	北山
育成ドラフト			
1位	青山誠	外野手	日大
2位	長江翔太	投手	大阪経済大
3位	北之園隆生	内野手	秀岳館

2014年			
1位	岡本和真	内野手	智弁学園
2位	戸根千明	投手	日大
3位	高木勇人	投手	三菱重工名古屋
4位	田中大輝	投手	國學院大
育成ドラフト			
1位	篠原慎平	投手	香川オリーブガイナーズ
2位	川相拓也	内野手	桜美林大卒
3位	田中貴也	捕手	山梨学院大
4位	高橋慎之介	投手	木更津総合高卒

読売ジャイアンツ時代＜中期＞に指名された選手

2015年			
1位	桜井俊貴	投手	立命大
2位	重信慎之介	外野手	早大
3位	與那原大剛	投手	普天間
4位	宇佐見真吾	捕手	城西国際大
5位	山本泰寛	内野手	慶大
6位	巽大介	投手	岩倉
7位	中川皓太	投手	東海大
8位	松崎啄也	内野手	日本製紙石巻
育成ドラフト			
1位	増田大輝	内野手	徳島インディゴソックス
2位	小林大誠	捕手	武蔵ヒートベアーズ
3位	松沢裕介	外野手	香川オリーブガイナーズ
4位	田島洸成	内野手	武蔵ヒートベアーズ
5位	大竹秀義	投手	武蔵ヒートベアーズ
6位	山下篤郎	投手	鎮西
7位	矢島陽平	投手	武蔵ヒートベアーズ
8位	長谷川潤	投手	石川ミリオンスターズ

第四章
読売ジャイアンツ時代＜後期＞

2016年-2020年

2016年▼2018年

査定担当を経てスカウト部長に就任

査定担当をしながらも助言した山口俊の獲得

２０１５年限りで原監督が退任され、高橋由伸が新たに監督に就任しました。私も同じタイミングで２００３年から務めた巨人のスカウトを離れることになりました。２０１５年のシーズン途中には原沢さんもＧＭを退任されて新たに堤辰佳ＧＭが就任しています。堤ＧＭは慶應大の野球部出身でキャプテンも務めていて、高橋由伸の直系の先輩にあたります。もしかしたら原監督や東海大のカラーを一度払拭したいという考えがあったのかもしれません。というのも、毎年巨人がキャンプで使っていた『沖縄セルラースタジアム那覇』は、その後に東海大野球部がいつも使っていたのですが、東海大側には何の連絡もないままこの年から慶応大野球部が使うことになっていたのです。そのことを東海大・安藤監督から相談された私は頭に血が上りました。「王さんが監督になったら早稲田が、長嶋さんが監督になったら立教が使うんですか！」

と巨人の沖縄キャンプ担当者に思わず問い詰めてしまいました。「恣意的なものではない」とは言っていましたが。そんなこともありました。

私も年齢的にスカウトのなかではベテランになっていましたし、監督が代わるタイミングで体制も一新したいという気持ちもよく分かります。そこに恨み節などは全くありません。ただ新しいスカウト部の面々を見て「このメンバーには俺はまだまだ負けないよ！」という気概だけは持っていました。

長くスカウト部長を務められていた山下さんも年齢的なこともあって2016年限りで退任され、後任のスカウト部長に就いたのは岡崎郁さんでした。岡崎さんはずっとコーチや二軍監督というグラウンドで汗をかかれてきた方です。スカウト経験がないなかで、いきなり山下さんの後任、部長になったのですからその苦労は大変だったと思います。現在の水野雄仁スカウト部長もそうですよね。スカウト経験のある榑松伸介が次長という役割で補佐しているでしょうが、普通に考えたらアマチュア球界との関係性をそこまで深く知らない人間にいきなりスカウト部長を任せるのは無理があります。巨人では時折そういう人事があるのが不思議です。

2016年から私に新しく与えられたのは査定担当の仕事でした。所属している選手を評価する役割です。シーズン中は試合に帯同してある程度のフォーマットに沿って成績を入力しながら、色んな点数をつけていくことがメインの仕事になります。初めての経験だったので一から仕事を覚える必要がありましたが、やってみて色々と気づくこともありました。一番大変だったのがシーズンが終わった後の契約更改です。新聞やテレビでは一、二度話し合って、ハンコを押して記者会見を行っているように見えるかもしれません。ですがその前に、事前の下交渉を行っていますし、そのために必要な過去数年分の資料をまとめておく必要もあるのです。

実際に報道される契約更改の会見は儀式的な意味合いが強いもの。もちろん事前の下交渉の時間が十分にとれず、当日保留するというケースもあります。私が見ていた中では金額よりも待遇面や評価するポイントなどの改善を訴えるケースの方が多かったですね。例えばピッチャーだったら実際に試合には投げていなくてもブルペンで肩を作って準備するのも大変だから、そのあたりも査定の対象として考慮してもらいたいとか、自分だけではなく選手全体のことを考えて意見してくるようなこともありました。

心情的に嫌だったのは自分がスカウトとして評価して獲ってきた選手に対してマイナス評価、ダメ出しをすることでした。選手は誰にでも長所と短所があるものです。「まだ足りない部分があるけどそれを補って頑張っていこう」と言って獲ってきているのに、いざ査定担当になったら「お前はここがダメだから年俸を下げる」みたいなことは言えないですよね。だからあからさまな怠慢でミスがあった時などは指摘しましたが、それ以外ではここが悪い、ここができていない、みたいな話はしませんでした。

査定をしていて少し疑問だったのは、同じ活躍をしても同じ点数にはならないということです。どういうことかというと、3年間結果を残している選手よりも10年間結果を残している選手の方がプラスが大きくなるような係数がありました。チームに対して長く貢献してくれたことへの評価かもしれませんが、あまりその差が大きくなり過ぎるのは公平性を欠くのではないかと思いましたね。

面白かったのは選手によって考え方が全然違うということ。自分の活躍したところだけを鮮明に覚えていてアピールして、ミスやマイナスになる点を指摘されても「そんなことありましたか?」と話す選手もいました。そんな様子を見て、こういう選手はストレスも溜まらないだろうし、ある意味強いなと感じたものでした(笑)。

アマチュア時代に見ていた選手のプレーをプロの現場で見る機会が増えたことは勉強になり

ました。スカウトをしていると、なかなかそういう機会は少ないですから。私がアマチュア時代に持っていたイメージとは良い意味でも悪い意味でも全然違う選手になっているケースもよくありました。プレー以外でもアマチュア時代に話した時には凄くポジティブに見えた選手が、プロになって話してみると全然違うと感じたこともあります。改めて選手の先を見通すことは難しいと実感しました。そういうことを知ることができたのもプラスの経験でした。

査定担当時代にも頼まれて編成にかかわる仕事もありました。印象深いのは２０１６年のオフにＤｅＮＡからＦＡになった山口俊の獲得です。堤ＧＭから「何とかできないか？」と相談されたのですが、巨人が獲得に動いたタイミングが遅かったこともあって劣勢な状況でした。当時中日でコーチをしていたデニー友利と山口の繋がりが強くて、中日にほぼ決まりかけていたと思います。希望があるとすれば横浜時代に山口の担当スカウトで、山口の両親とも家族ぐるみで付き合いがある武田康の存在でした。２００６年から武田も巨人に移籍してきていたので彼にも相談して動いてもらいました。それでも厳しい状況だったのですが、最終的には球団が認めていなかったポスティングシステムでのメジャー移籍を「結果を出したら認める」という条件付きで提示したことによって、何とか獲得することができました。ただ、ポスティングシステムについては渡邉恒雄元会長が一貫して認めないという姿勢をとっており、この時も承諾は得ていなかったはずです。山口が結果を出していざポスティングとなった時に球団内では相当揉めたという話は聞きました。

不安も多かった清宮幸太郎

査定担当をしていた2016年と2017年のドラフト会議にはもちろん関わっていませんが、下級生の頃から目立っていた選手は当然実際に見ていました。現場のスカウトと色々話すこともあって、候補選手はある程度把握していました。2016年はやはり創価大の田中正義（ソフトバンク1位／現・日本ハム）が圧倒的だったと思います。大学生のピッチャーで言えば上原浩治以来の存在という印象でした。体が大きい割に体全体の使い方がとても上手。バランス良く投げることができて、凄いボールを放っていました。巨人は1位で指名して抽選を外していますが、私がスカウトに残っていても絶対に田中を1位で推していました。

同年に育成5位で指名した明星大の松原聖弥（現・西武）も印象に残っている選手です。岡崎さんがまだスカウト部長になる前、山下さんの後任になることが決まっていたこともあって、松原が4年生の時に一緒に試合を見ていたことがありました。その時に松原のことを候補として伝えていて、実際にきれいにレフト前ヒットを打ちました。岡崎さんから「細いけど、確かにバッティングは悪くないね。足はどうなの?」と聞かれたので、「足は速いんですけどちょっとおっちょこちょいでチョンボが多いです」と話していたら、目の前で牽制で刺されたのです。あまりのタイミングの良さに2人で笑ってしまったことを覚えています（笑）。それでも育成から上がって、2021年はレギュラーとして活躍もしてくれました。

2017年は早稲田実の清宮幸太郎を巨人も含む7球団が指名しています。1年生の時に甲子園でホームランも打ちましたし、いくら金属バットと言ってもあれだけ量産できるというのは並のバッターではありません。ただイメージとしては少し筒香の高校時代と重なり、高いレベルのピッチャー相手に木製バットで打てるかなという不安はありました。守備についても動きも良くないし肩も強くないため、プロではファーストしかできないという印象でした。バッティングだけでファーストで外国人選手と喧嘩ができるか？　と考えるとちょっと疑問は残りました。岡本和真と違ったのはその点ですね。そうなるとどうしてもセ・リーグの球団は指名しづらい。自分がスカウトの立場で残っていたら、ファーストしかできなくても獲る価値があるのかというのは相当悩んだと思います。

清宮を抽選で外した巨人は、外れ1位でも九州学院の村上宗隆（ヤクルト）を3球団競合の末に外しました。村上のことは入学してすぐに4番を打って評判だということで、1年生の時からチェックしていました。その頃からスイングの軌道が良くて、リストワークも凄く良く、1年生で騒がれるだけのものはありました。ただ清宮と同じで当時のポジションはファーストでしたから、将来のことを考えるとサードを守れるようになれると良いな、と思ったことを覚えています。

村上の評価ももちろん高かったのですが、「全国区のスター選手」ということで、やはり1位は清宮にしようという話になったのではないかと思います。もし村上が巨人に入っていても、あんなにすぐ活躍できたかは分からないですね。どうしても巨人だと我慢して使うということが難しいですから。本人にとってはヤクルトで正解でしたね。

突然のスカウト部長就任

スカウトに復帰したのは2018年のシーズン後半です。翌年から原さんがまた監督に復帰することが決まって、そのタイミングで原さんから電話がかかってきたのです。最初は「編成部長でどうだ?」というお話を頂いたのですが、さすがに経験もありませんし荷も重く、「希望を言わせていただけるのであれば、またスカウトという立場でお願いしたいです」ということを伝えました。何日かした後だったでしょうか。朝一番で球団社長から電話があって「すぐに来てくれ」と言うのです。遠征に帯同していた広島から始発の新幹線で東京の本社に着くと「スカウト部長をお願いしたい」という話でした。その場で色々な書類関係の手続きを終え、私は査定の仕事が残っているため、またすぐ広島に戻りました。慌ただしい一日でしたね。

ドラフト前にはGMを務められていた鹿取義隆さんも退任され、球団副代表だった大塚淳弘さんがスカウトも含めた編成部門のトップになりました。原さんの監督復帰に伴って、体制も大きく変更になりました。

このような形で急遽スカウト部長になった私は、この年のアマチュア選手を現場で見れていませんから指名選手の意思決定に関わっていません。1位は大阪桐蔭の根尾昂（中日）でいくことも既に決まっていましたから、ドラフト会議のテーブルに座るのもどうかなと思っていたくらいでした。最終的に原監督から「俺も座るからお前も座れ」と言われて同席することになったのですが。

根尾の1位については、映像などを見る限りでは細かいステップが踏めていないように見えて、プロでショートができるかはやや疑問が残りました。甲子園で春夏連覇も達成して、スター性があるということで巨人としてはそこを評価したのでしょう。同じショートなら報徳学園の小園海斗（広島1位）の方が強く印象に残っています。1年生の春、報徳学園と横浜高との練習試合で、今は楽天で活躍している藤平尚真からホームランと三塁打を打ったのです。「こんな1年生がいるのか⁉」と驚かされました。その後も順調に成長を続けていましたし、ショートの守備もグラブさばきや細かい動きは根尾より良いと私は思っていました。

抽選で根尾を外し、外れ1位で指名したのが立命館大の辰己涼介（楽天）でした。辰己も下級生の頃から見ていた選手で、足と肩があって打撃もパンチ力があり最初から1位で指名してくる球団があってもおかしくないと評価していました。その辰己も外してしまい、外れの外れは八戸学院大の髙橋優貴と國學院大の清水昇（ヤクルト1位）とどちらのピッチャーにするかで議論になりましたね。力としては同等の評価で、最後は左の方が貴重だろうということで髙橋になりました。

大成功だったのが6位で獲った聖心ウルスラ学園の戸郷翔征です。会場の控室で、原監督がスカウト全員に「リスクは大きくても大化けしたら面白い選手は誰かいるか？」という質問をした時に九州担当の武田が戸郷を推しました。「ひじが前に出ないアーム式ですがストレートと変化球で腕の振りが変わりません。バッターに向かっていく姿勢も素晴らしいです」と強く推し、それで6位まで残っていたことから獲ろうかということになりました。あの時の原監督と武田の一言がなければ今の戸郷はなかったかもしれませんね。

ドラフト終了後、巨人のスカウト部長としての仕事が本格的に始まりました。それもあまり長くは続かなかったのですが……。

写真:産経新聞社

ドラフト6位指名の戸郷は今や球界を代表する投手に成長(左から2人目)

2019年

1位でいきたかった佐々木朗希

「こんなピッチャーがいるのか!!」

原監督はドラフトについてはスカウトの意見を尊重される方で、無理に自分の主張を通そうということはありませんでした。ただGMという肩書の人がいなくなり、編成トップの大塚さんも常に原監督に付き添っていましたから、周りやマスコミは原監督が全権を持っているようなイメージがあったかもしれません。前年オフにはFAで広島から丸佳浩、西武から炭谷銀仁朗、さらにオリックスから自由契約になっていた中島宏之、メジャーからは岩隈久志も獲得しています。これらの補強は原監督というよりも球団主導の色合いが強かったように思います。監督もGMも交代して3年間結果が出なくて、それでまた原監督にお願いすることになったわけですから、「何とか戦力を整えますから、原監督お願いします!」という球団の意思表示のように見えました。

この年、スカウトの現場でとにかく驚いたのが大船渡の佐々木朗希（ロッテ1位／現・ドジャース）です。3月の終わり、雨上がりの寒い日でした。栃木で行われた大船渡と作新学院の練習試合には、この年初めて佐々木が練習試合で投げるということでスカウトもマスコミも大殺到。学校のグラウンドではなく急遽矢板市にある球場に場所を移したほどでした。いろんな高校の監督から「凄いピッチャーがいる」ということは聞いていたのですが、初回に投げたストレートを見て「こんなピッチャーがいるのか!!」とぶったまげました。佐々木は私の想像以上のピッチャーでした。さらにあれだけのボールをきちんとコントロールができていて変化球もいい。体ができたら一体どんなボールを投げるんだろうとワクワクする思いで見ていました。

次に佐々木を見たのはU18侍ジャパンの代表候補合宿。星稜の奥川恭伸（ヤクルト1位）、創志学園の西純矢（阪神1位）などと並んでブルペンで投げていました。色んなピッチャーのボールを受けようという意図でキャッチャーはシャッフルして交代しながら受けていたのですが、普段は奥川の女房役を務めている、この年5位で巨人に指名される山瀬慎之助が佐々木のスライダーをキャッチできていませんでした。奥川だって高校生としては毎年出てくるようなピッチャーではありませんし、変化球も良かったのにです。当然佐々木も「スライダーを投げる」と言って投げています。それでも山瀬が捕れないというのはよほどのキレがあるということですよね。阪神に5位指名される中京学院大中京の藤田健斗が佐々木の163キロのストレートを受けて指を怪我したというのもビックリしました。

約30年間スカウトとしてたくさんの選手を見てきましたが、間違いなく佐々木がナンバーワンのピッチャーです。

佐々木にはプレー以外の面でも驚かされたことがありました。当時の東北担当スカウトの柏田貴史と練習を見に行った時のことです。学校に着いて練習を見ていても、いつまでたってもピッチング練習をする気配がないのです。監督に聞いても「ピッチングをするかどうか分かりません」と言う。普通なら監督は練習を把握しているはずじゃないですか？　ここまで来てピッチングが見られないのは困ったなと思っていたら、監督が「あ、今、左中間の方に走りに行ったので、おそらくこの後にブルペンに入ると思います」と言って、ようやく投球をチェックできました。それくらい本人に練習を任せていて、監督が細かく指示する形ではありませんでした。それでも夏の岩手大会決勝で投げさせなかったことには違った意味で驚きました。どこかの球団と裏で繋がっていて、無理させないようにしているのかと疑ったほどです。

私は1位で佐々木を強く推し、会議でも一度は「佐々木でいこう」という話になりました。当時の球団社長だった今村司さんも「佐々木はスター性もあって巨人で成功したら凄くドラマのある良いストーリーになる」と言っていたのを覚えています。今村さんは日本テレビの出身でしたから、そういう見方も強かったのかもしれません（笑）。

しかし、原監督は佐々木のことを高く評価しつつも、まだ体ができていないことや怪我のリスクを懸念されているようでした。「同じ高校生でも早く一軍の戦力になる星稜の奥川の方が良いんじゃないか？」と考えられていました。私はどうしても佐々木でいきたかったですから、「早く使えるピッチャーなら今年は明治大の森下暢仁がナンバーワンです」と説明しつつ、その上で高校段階で比べると森下が5点、奥川が10点、佐々木が15点くらいの差があること、それくらい佐々木の能力は飛び抜けていることを話し、改めて佐々木を推しました。

「松坂よりも大谷よりも佐々木が上です」

そこまで言って強く主張しました。

それでも1位は奥川でいくことになりました。スカウト部長とはいえ独断で1位を決められるわけではありません。奥川の1位は甲子園で活躍していてスター性があること、佐々木よりも早く使えることなどを総合的に評価して、ということですね。私も佐々木を推してはいましたが、奥川だって当初から〝スーパー1位〞という高い評価をしていましたから、異論はありませんでした。

その奥川はヤクルト、阪神と抽選になり引き当てたのはヤクルトでした。ちなみに佐々木にも4球団が重複してロッテが引き当てています。奥川を外した場合は即戦力のピッチャーということで、当初から東芝の宮川哲（現・ヤクルト）を指名する予定でした。宮川は東海大山形の出身ですから、こちらとしても繋がりがありますので色んなところから調査もしていました。東芝の平馬淳監督も昔からよく知っていますし「失礼な話で申し訳ないんだけど、外れたら1位で指名させてもらう」ということは話していて、それでも「喜んで！」と言ってくれていました。ただこちらも西武との抽選になって外れて縁がありませんでした。

外れ外れ1位で迷った堀田と宮城

二度も1位を外した時点で、即戦力として高く評価できるピッチャーはもう残っていません。それでは将来性のあるピッチャーにいこうということで指名したのが青森山田の堀田賢慎でした。このとき、最後まで迷ったのが興南の宮城大弥（オリックス1位）です。宮城のスライダーはとにかく一級品でスタミナもあり、高校生ですが割と早く一軍に出られるという評価をしていました。

堀田は3年生になって評価を上げてきたピッチャーでした。実際に見たのは春の東北大会。この時のお目当ては2023年に中央大からドラフト1位で巨人に入った花巻東の西舘勇陽でしたが、その西舘はまだ体もできていなくてボールもそれほど来ておらず「大学に行った方が良いな」という印象でした。花巻東の試合が終わったので帰ろうかと思っていたら、担当の柏田が「青森山田の堀田も気になるので残ります」と言うので私も残って見ることにしたのです。堀田は体も大きくて投げ方も迫力がありましたね。西舘より数段上でした。変化球の指のかかりがばらつくので宮城と比べると時間はかかると思いましたが、体のサイズやスケールは宮城よりも魅力がありました。原監督も「大化けしたら大きい方が良いだろう」と最終的に堀田という結論になりました。

2位では力のあるボールを投げるJR東日本の太田龍を指名しました。社会人ですが高卒3年目でしたので即戦力というよりは2年目くらいに出てきてくれればという期待からの指名でした。ただ、調子の波が大きくてなかなか体格に見合ったボールが投げられなくて苦しみました。

４位で獲った前橋商の井上温大は昨年ブレイクしてくれました。夏の地方大会でのスピードは１３０キロ台が大半でもフォームが抜群でしたね。逆に言えばこんなに良いフォームでスピードがこれくらいしか出ないのかと思いましたが。変化球ではカーブが良かったですね。中学まで軟式でやっていたピッチャーはカーブを上手く使えることが多いのですが、井上もそうでした。昨シーズンはようやく体ができてスピードも上がって、ここまでは期待通りの成長を見せてくれています。

野手では3位で常総学院の菊田拡和を指名しています。これは完全にバッティングの評価で、特に逆方向への打球の伸びが凄かったですね。金属バットでも当てただけではなかなか逆方向に大きな当たりは打てません。足が速くなくて守備も不安でしたが、高校生ではなかなかいないバッターでした。昨年限りで戦力外になって社会人のミキハウスで野球を続けています。

山瀬指名のための駆け引き

奥川とバッテリーを組んでいた山瀬は強肩が魅力のキャッチャーでした。バッティングは少しタイミングをとるのが遅くて、スイングも硬いので差し込まれることが多かったですが。高校生のキャッチャーであれだけ地肩が強い選手は久しぶりに見ました。この年、大学生のキャッチャーで評判だったのが東海大の海野隆司です。でも私は山瀬の方が欲しいと考えていました。ですから海野には申し訳ない話なのですが、他球団には巨人がいかにも海野をマークしていて高く評価しているように見える行動をしていました。巨人と東海大の結びつきが強いことを逆手に取ったとも言えるかもしれません。そんな駆け引きが効いたのか、後から聞いた話ではソフトバンクは「海野は2位で獲らないと巨人に3位で獲られる」という話をしていたそうです。2位指名の順番が巨人よりも早いソフトバンクは実際に海野を2位で指名しました。一方で巨人は、海野よりも高く評価していた山瀬を5位で指名することができたのでした。

今シーズン、巨人はＦＡでソフトバンクから甲斐拓也を獲りましたが、キャッチャーは岸田行倫が出てきましたし、山瀬も素晴らしい肩を持っています。大城も小林もいます。私はもう部外者ですが、この補強には個人的には疑問を感じています。

高校生のピッチャーでは阪神が外れ1位で指名した西も馬力が凄かったですね。創志学園と明徳義塾、慶応高が高知で練習試合をするということで見に行った時には、打者としても凄いホームランを打ちました。投げても打ってもとにかく体の力が凄いなという印象でしたし、U18でもホームランを打って、ピッチャーとしても良かったですね。佐々木や奥川とは少し差がありましたが、高校生としては高い評価は当然でした。

高校生の野手で一番人気だったのが3球団が競合した東邦の石川昂弥（中日）。確かに高校生にしては力はありましたし木製バットでも打てていました。でも足も速くないし肩もそこまで強くありませんでしたから、あそこまで高い評価になるとは思っていませんでしたね。逆に明治大の森下は1年目から使えるだろうという評価をしていたので、1位指名が広島だけだったというのも意外でした。この年は高校生を先に獲ろうという方針の球団が多かったことが、広島にとってはラッキーでしたね。

DeNAが1位指名した桐蔭学園の森敬斗は足が抜群に速くて、バッティングも初めて対戦するピッチャーの初球からフルスイングできるなど、ポテンシャルは凄く高いと思いました。でも、いきなり1位で指名されるとは思ってもいませんでした。大和引地台球場での試合でベンチの前でノックを受けていて、短い距離のショートスローが上手くできませんでしたから、担当スカウトで内野出身の円谷英俊とも「これはショートは厳しいな」という話をしていました。U18でも外野を守っていたのを見て、改めてそう思いました。DeNAとしては地元の高校の選手ということもあったのかもしれませんね。

オリックスが駿河総合の紅林弘太郎を2位で指名したのにも驚きました。申し訳ないですが、動きにキレがなくて走っていても膝が上がらない。とてもプロでショートをできる選手とは想像がつきませんでした。それでもプロ入り後は見違えるほど体が大きくなり、早くにショートのポジションを掴んで侍ジャパンにも選ばれました。練習できる体の強さがあったことが大きかったのかなと思います。もしもオリックスが1位の抽選で石川を当てていればおそらく2位で紅林を獲っていなかったでしょうから、巡り合わせというのは大きいですね。

下位で入団した選手では中日が5位指名した菰野の岡林勇希が早くからレギュラーになりました。高校時代はピッチャーもやっていてスピードもありました。でもテイクバックで腕が背中に入ってなかなか前に出てこないピッチャーとしてよりも、肩も強くてバッティングも良い野手の方が良いだろうと評価していました。岡林が活躍するようになって予想外だったのが足の速さです。ピッチャーをやりながら野手もやっている選手は試合で一生懸命走っていないことがあり、足の速さが分からないことも多いのです。

部長という立場でスカウトに戻りましたが、基本的には担当スカウトからリストに上がった選手を見に行くわけですから、現場でやることが大きく変わるわけではありませんでした。変わったのは見る範囲が広くなったというくらいでしたね。

2020年

スカウト人生最後の年

シーズン途中にスカウト部長解任

この年の4月、私は突如スカウト部から編成に異動になりました。この異動については色んな噂が立ちました。前年に1位で指名した堀田が入団早々にひじを痛めてトミージョン手術を受けることになり、それに対して原監督が激怒して私を解任したとか。決してそういうわけではありません。これについては明確に否定させてもらいます。原監督とは今でも何かあれば頻繁に連絡を取りますし、ゴルフや食事などにもよくご一緒させて頂いています。そもそも、この噂が真実であれば私が東海大の監督になることもありえませんよね（笑）。堀田についても、ひじを痛めていなかったとしても時間がかかる選手という評価でしたから、原監督も「手術は残念だけどリハビリの間にしっかり鍛えてくれれば良い」という話をしていました。

では、なぜ私はシーズン途中にスカウト部から移動になったのでしょうか？　正直それは今でも分かりません。一つ言えることは、編成部門トップの方と私の考えが合わなかったことが大きかったのだと思います。

まず育成選手についてです。私は支配下で獲る選手と育成で獲る選手を分けて考えることに反対でした。巨人が支配下指名の対象だと考えていた選手をどこの球団も指名しなくて「育成ドラフトまで残っているから獲ろう」というのが私の育成ドラフトに対する考えです。もしくは何か飛びぬけた一芸がある選手を少人数獲るのなら理解できます。

支配下の枠がほとんどないのに、ましてやFAなどで他球団からも選手をいろいろ獲ってくるわけですから、そのような状況で元々ドラフトの対象として厳しい選手を多く抱えるというのは効率が悪いですし、選手にとっても不幸です。よく会議でも選手の評価をする時に「育成なら良いと思います」と話すスカウトもいましたが、最初から育成ドラフトありきで考えるというのはおかしいということは常々言っていました。

前年（2019年）のドラフト前には編成部門トップの方ともこのことを話し合い、賛同してもらっていました。しかし、数日後にはこんなことを言われました。

「(山口寿一）オーナーが福島の独立リーグに選手を6名派遣したいと言っているから育成選手を最低でも6人指名してくれ」

これを言われたのがドラフトの六日前でしたからそもそも無理な話ですし、私からすれば、先日確認したばかりの育成選手の獲得方針はなんだったのか？　と思うほかありません。

またこの年の4月に堀田がトミー・ジョン手術を受けたことに関連して「指名する前に全員にＭＲＩを撮るようなことはできないのか？」と同じ方に言われたこともありました。これは現場のスカウトであれば全員不可能だと答えることだと思います。実際に指名する選手は数人かもしれませんが、対象となる選手はその何倍、何十倍もいるわけですから。またその選手や指導者に対しても「指名するか分かりませんけど事前に検査させてください」とはさすがに失礼です。現場を知らない人は簡単に思いつきで言いますが、スカウトは当然アマチュアのチームとの関係性もあります。ですから私は毅然と反対しました。

こういった話をしていたら、その方にある時呼ばれて「編成に行ってほしい」と言われたのです。球団としては経験があって色々と物申す従順ならざるベテランスカウトよりも、上からの指示に文句も言わずに動くスカウトの方がやりやすかったのかもしれません。

２０２０年のドラフトからは私のように言う人間がいなくなったので、育成でも12人（前年は２人）もの選手を指名しています。それでも結局一軍の戦力になっている選手は１人もいません。

〝スカウト〟最後の仕事は山﨑伊織の獲得

2020年のドラフトでも1人だけ指名に関わった選手がいます。それが2位で指名した東海大の山﨑伊織でした。山﨑は3年生の時から抜群で、そのままの調子でいけば1位でなければ獲れないようなピッチャーでした。大学に入った時はまだ線が細かったのですが、体ができてくるとスピードもついて、スライダーがきれいに横に滑るボールを投げる、素晴らしいピッチャーに成長していました。ただ3年生の秋にひじを怪我して4年生では投げられるか分からない状態。どの程度の症状なのかは分からないし、他のスカウトでは東海大と繋がりもないので詳しく調査もできません。そんな状況でしたから、ある時に原監督に呼ばれて「山﨑を何とかしてくれないか？」と頼まれたのです。

山﨑には明石商から東海大に進学する時から関わっていたので両親にも会いに行きました。手術を行わずに保存療法を望んでいた山﨑にも「最終的にはトミー・ジョン手術をすることが多いから、その方が良いのではないか？」という話をしました。巨人としては手術をして1年目はリハビリで投げられなかったとしても、高い評価で必ず指名するということも伝えて、最終的には両親も山﨑本人も納得して手術を受けてくれました。もちろん原監督の了解あってのことです。

トミー・ジョン手術を受けるということになり、ほとんどの球団が手を引くなかで広島だけは指名の動きを見せていました。担当の尾形佳紀スカウトが良い時のピッチングを高く評価しており「上位では獲れないけど4位で獲りたい」という話があったそうです。そんな話も聞いていましたから巨人は当初は3位でも獲れるだろうと思っていたところを、念のためにということも考えて2位という順位での指名になりました。

こうして山﨑を獲ることができたのですが、入団後に球団内で揉めたことがありました。それは2年目の年俸についてです。入団前から1年目はリハビリで投げられないことは分かっていましたから、「普通に査定するのではなく2年目の年俸は据え置きでお願いしたい」ということを球団にも話していて原監督にも了承を得ていました。こちらが勧めて手術を受けているわけですから当然ですよね。ただそのことが上層部に上手く伝わっていなかったようで「長谷川が勝手に約束してきたこと」「誰がそんなことを決めたんだ」みたいな言われ方をされたことがありました。私は「ふざけんじゃねぇよ！」という怒りを押し殺しながら「原監督から頼まれて山﨑の両親にも会って、原監督も了承したうえで決めた話です」ということを伝えて、ようやく理解してもらうことができました。

編成の仕事と女子野球、東海大学野球部監督へ

編成の仕事は、主に二軍の試合を視察してトレードなどを担当する部門です。他球団で面白いなと思う選手は逐一チェックして報告書にまとめます。ただこちらが良いと思う選手は所属球団も当然評価していることが多いので、トレードで欲しいと言っても簡単にはまとまりません。ルーキーや入団から2年、3年の選手も球団は簡単には出しませんから、チェックする対象の大半はある程度プロでプレーしている選手になります。編成が動かなくても監督同士が繋がりが強くて、そこで話をまとめてくるようなこともありました。

二軍の試合で見ていて気になった選手がソフトバンクの三森大貴と牧原大成でした。2人とも相手投手のウイニングショット、決め球をしっかりとらえるアジャストする力がある。こういうタイプはピッチャーにとっては嫌らしく見えるものです。スピードもあって、巨人にはあまりいないタイプのリードオフマンとしてどうだろうかと思いましたね。三森はこのオフにトレードでDeNAに移籍しましたが、他球団から見ていても良い選手でした。

ピッチャーではソフトバンク時代の大竹耕太郎が素晴らしかったですね。コントロールもテンポも良くて、変化球の使い方が上手い。現役ドラフトで阪神に行って成功したのも頷けます。

ソフトバンクも巨人と同じで他球団からもよく選手を獲るので、何年かプロでやっていて力のある選手でも二軍にいることが多かったですね。逆にヤクルト、広島、日本ハムなどは二軍を見ても選手の層が厚くない印象でした。まだプロのレベルとしては厳しいかなという若手選手も多く試合に出ていました。ただその中から経験を積んでいく中で大きく成長する選手も当然いますし、選手にとってはチャンスが多いという面もあると思います。

入る球団によって選手の人生が大きく変わることは確かです。現役ドラフトの制度も始まって、移籍することも増えました。自分がスカウトとしてかかわった選手が結果を残す前に移籍するのは複雑な気持ちもありますが、そのまま球団に残ってチャンスがないよりも他球団でも活躍してくれた方が嬉しいです。

編成の仕事を2年間務めた後は、巨人が女子チームを立ち上げることになり、宮本和知監督と一緒に助監督という立場でかかわることになりました。事前に何人か選手は決まっていたのですが、チームを編成するためには当然足らないのでトライアウトなども行い、選手を集めるところからのスタートでした。プロではなくあくまでもクラブチームですので選手が仕事をする場所も探さなければなりませんでした。また試合をする相手も必要ですから、女子野球チームを持っているゴールドジムの手塚栄司社長とは古くからのお付き合いもあり、よくお願いに行きました。そういうところでも長くスカウトをしてきた経験が生きました。

宮本監督と一緒に立ち上げた女子チームを見届ける形で、２０２３年限りで私は巨人を退団しました。

退団後、原さんからの後押しもあり、私は母校・東海大学野球部の監督に就任することになりました。

読売ジャイアンツ時代＜後期＞に指名された選手

2016年			
1位	吉川尚輝	内野手	中京学院大
2位	畠世周	投手	近大
3位	谷岡竜平	投手	東芝
4位	池田駿	投手	ヤマハ
5位	髙田萌生	投手	創志学園
6位	大江竜聖	投手	二松学舎大附
7位	リャオ・レンレイ	投手	岡山共生高卒
育成ドラフト			
1位	髙井俊	投手	新潟アルビレックスBC
2位	加藤脩平	外野手	磐田東
3位	山川和大	投手	兵庫ブルーサンダース
4位	坂本工宜	投手	関学大準硬式野球部
5位	松原聖弥	外野手	明星大
6位	高山竜太朗	捕手	九産大
7位	堀岡隼人	投手	青森山田
8位	松澤裕介	外野手	香川オリーブガイナーズ

2017年			
1位	鍬原拓也	投手	中大
2位	岸田行倫	捕手	大阪ガス
3位	大城卓三	捕手	NTT西日本
4位	北村拓己	内野手	亜大
5位	田中俊太	内野手	日立製作所
6位	若林晃弘	内野手	JX－ENEOS
7位	村上海斗	外野手	奈良学園大
8位	湯浅大	内野手	健大高崎
育成ドラフト			
1位	比嘉賢伸	内野手	盛岡大附
2位	山上信吾	投手	常磐
3位	笠井駿	外野手	東北福祉大
4位	田中優大	投手	羽黒
5位	広畑塁	捕手	立正大
6位	小山翔平	捕手	関大
7位	折下光輝	内野手	新野
8位	荒井颯太	外野手	関根学園

2018年			
1位	髙橋優貴	投手	八戸学院大
2位	増田陸	内野手	明秀日立
3位	直江大輔	投手	松商学園
4位	横川凱	投手	大阪桐蔭
5位	松井義弥	内野手	折尾愛真
6位	戸郷翔征	投手	聖心ウルスラ学園
育成ドラフト			
1位	山下航汰	内野手	健大高崎
2位	平井快青	投手	岐阜第一
3位	沼田翔平	投手	旭川大高
4位	黒田響生	内野手	敦賀気比

2019年			
1位	堀田賢慎	投手	青森山田
2位	太田龍	投手	JR東日本
3位	菊田拡和	内野手	常総学院
4位	井上温大	投手	前橋商
5位	山瀬慎之助	捕手	星稜
6位	伊藤海斗	内野手	酒田南
育成ドラフト			
1位	平間隼人	内野手	徳島インディゴソックス
2位	加藤壮太	外野手	埼玉武蔵ヒートベアーズ

読売ジャイアンツ時代＜後期＞に指名された選手

2020年			
1位	平内龍太	投手	亜大
2位	山﨑伊織	投手	東海大
3位	中山礼都	内野手	中京大中京
4位	伊藤優輔	投手	三菱パワー
5位	秋広優人	内野手	二松学舎大附
6位	山本一輝	投手	中京大
7位	萩原哲	捕手	創価大
育成ドラフト			
1位	岡本大翔	内野手	米子東
2位	喜多隆介	捕手	京都先端科学大
3位	笠島尚樹	投手	敦賀気比
4位	木下幹也	投手	横浜
5位	前田研輝	捕手	駒大
6位	坂本勇人	捕手	唐津商
7位	戸田懐生	投手	徳島インディゴソックス
8位	阿部剣友	投手	札幌大谷
9位	奈良木陸	投手	筑波大
10位	山﨑友輔	投手	福山大
11位	保科広一	内野手	創価大
12位	加藤廉	内野手	東海大学海洋学部

あとがき

昨年の7月、出版社からお話をいただき、今回このような形で私のスカウト人生を振り返ることになりました。

約30年間スカウトをやらせてもらいましたが、この仕事で大事なのはやはり「決断力」だと思います。どんな選手にも良い部分と足りない部分があって、色んなことを調べたりしますが、絶対に成功するという確信を持てるわけではありません。最終的にはスカウトが獲るか獲らないかを判断するわけですから、そうなってくると決断力が重要になります。色んな球団のスカウトの方も見てきましたが決断力があるなと思ったのは中日の中田宗男さんと、西武と楽天でスカウトをされていた楠城徹さんです。このお二方は自分が良いと思った選手は他球団の評価とかは関係なく絶対に獲るということが多かったですね。そういうことができる人はなかなかいないと思いました。

違う意味で凄いなと思ったのは広島の苑田聡彦さんです。先日80歳でスカウトを退かれましたが、担当した選手を本当にマメに見ていましたし、あの年齢までできるのは凄いなと思いました。広島は裏で色々動いたりすることがなくて、基本的に断られた選手は追わないというスタンスでしたが、だからこそ「これだ！」と思った選手には徹底して見ようという姿勢を貫いているなという印象でした。

スカウトを退いた今、改めて思うことは人の繋がりの大切さです。球団としては選手を預からせてもらうわけですから、選手がクビになった時には当然色々と相談に乗る必要があると思いますし、必要であれば色んな人を紹介します。それはプロで活躍した、活躍できなかったというのは関係ありません。選手を獲ってくるのももちろん大事ですが、何か相談された時に紹介するなど、頼れる繋がりをいかに多く作れるかということがより重要だと思います。ただ面倒を見るだけではなく、いかに今までいた野球界が特殊なところで、一般社会は違うという話もするようにしていましたし、時には厳しい言葉も必要だと思います。

今、巨人にいる岸敬祐は私が部長の時に声をかけて来てもらったスカウトです。その岸が最近、自分が担当で獲った選手が初めてクビになったという話をしていたので、その時にもこの話をしました。

欲しいと思って獲れた選手、獲れなかった選手、期待通りの活躍をしてくれた選手、なかなか活躍できなかった選手、色んな選手と出会ってきました。そのために色んな方に会い、色んな話をして、時には腹の立つことも嬉しいこともありました。その全てが今、大学野球の監督としての指導に繋がっていると思いますし、そんなことを多くの人に、この本を通じて知ってもらえたらこんなに嬉しいことはありません。

今こうして東海大で監督をすることができているのも多くの人との繋がりがあったからということは間違いありません。

「国利、俺も応援するから大学の監督やってみないか?」と言ってくれた原辰徳さんはもちろん、大学関係者、スカウト時代からお世話になっている多くのチーム関係者の方々には大変感謝しております。この場をお借りして御礼申し上げます。

最後に今回の話を提案してくださり、何度も足を運んでいただいた編集の西尾典文さん、永松欣也さん、書籍化のお話をいただいた株式会社カンゼンの滝川昂さん、一冊の本にまとめていただいた関係者の皆様に心より感謝申し上げます。

長谷川国利
（はせがわ・くにとし）

1962年生まれ、東海大相模から東海大。84年ドラフト4位で横浜大洋ホエールズへ入団。1990年に現役引退後はスカウト一筋で大洋（横浜）・巨人で多くの選手の指名に尽力。巨人時代の担当に菅野智之や長野久義などがいる。2024年1月より東海大学硬式野球部監督に就任した。

スカウト歴

1990年～2002年　横浜大洋ホエールズ・横浜ベイスターズ
スカウト、チーフスカウト

2003年～2014年　読売ジャイアンツ プロスカウト

2015年～2018年　読売ジャイアンツ 査定、プロスカウト

2018年途中～2020年4月　読売ジャイアンツ 査定、スカウト部長

2020年4月～2023年　読売ジャイアンツ編成本部付部長、
女子チーム 助監督

構成　西尾 典文
企画・編集協力　永松 欣也
カバー・本文デザイン　山内 宏一郎（SAIWAI DESIGN）
DTPオペレーション　松浦 竜矢
カバー写真　共同通信社
本文写真　産経新聞社
編集　滝川 昂（株式会社カンゼン）

ジャイアンツ元スカウト部長のドラフト回想録

発行日　2025年3月31日　初版
2025年5月27日　第2刷　発行

著者　長谷川 国利
発行人　坪井 義哉
発行所　株式会社カンゼン
〒101-0041
東京都千代田区神田須田町2-2-3　ITC神田須田町ビル
TEL 03(5295)7723
FAX 03(5295)7725
https://www.kanzen.jp/
郵便為替 00150-7-130339
印刷・製本　株式会社シナノ

ISBN 978-4-86255-755-1
Printed in Japan
定価はカバーに表示してあります。

ご意見、ご感想に関しましては、kanso@kanzen.jpまでEメールにてお寄せ下さい。
お待ちしております。